コンサルソーシング株式会社
松井 順一　　佐久間 陽子

VISUALIZATION

トヨタ流 仕事の「見える化」大全

アスコム

はじめに

　最初のころ、よくわからないと言われた「見える化」ですが、様々なところで当たり前のように使われ、管理手法のひとつとして市民権を得るようになりました。一方で、テレワークの急速な広がりの中、一人ひとりの仕事が見えないということが大きな問題となり、仕事を見えるようにすることが仕事の管理上の課題となっています。

　本書は、そのような状況の中、テレワークなどの働き方に対応した見える化について、2009年の発行の『仕事の「見える化」99のしかけ』（日本能率協会マネジメントセンター）をリニューアルし、近年の仕事スタイルに対応させたツールと事例をご紹介するものです。

　なかでも、トヨタ自動車が生み出した、「かんばん方式」の原理原則を取り入れたタスク管理のしかけを中心に解説しています。これは、ジャスト・イン・タイムの原則で、ムリ・ムダ・ムラをなくしたトヨタ生産方式を実現する管理ツールのことです。

　日々のオフィス業務を「見える化」するといってもその対象は実に広範です。単に"仕事"を「見える化」する、としてみても、その目的が「何か異常が発生した時にすぐにわかるようにしたい」のか、「ベテランが持っている暗黙知のノウハウを共有したい」のか、「どのくらい進んでいるのかがパッとわかるようにしたい」のか、「どんなムダな要素があるのか分析したい」のか、その違いによって使うツールはずいぶん違ってきます。また仮に

「どんなムダな要素があるのか分析したい」という目的だとして、仕事そのものの進行についてなのか、顧客とのやりとりについてなのか、書類の書式についてなのか、ファイルなどの保管方法についてなのか、Ｅメールなどパソコン内の話なのか、などなど、やはり対象は広範に様々あり、そのそれぞれによって採用するツール・フォームもそれぞれ違ってきます。

　そこで、ならば、その大部分をフォローするツール集をつくったら、仕事をより良くしようと思っておられるビジネスパーソンのみなさまに役立つのではないか、参考資料として活用していただけるのではないか、というのが、本書を上梓しようと思った動機です。

　ただし（ここから重要です）、「見える化」に限った話ではありませんが、このツール・フォーマット集というもの、すなわちいわゆる「ひな形」というものには、たいてい危険がひそんでいます。世の中には想像できないくらいいろいろな仕事があり、職場の数だけ、異なる業務があるといっても過言ではありません。そのそれぞれに“ピッタリ来る”ひな形などあるはずがない、というのが事実です。そして、本書のツールもそれは同様に違いありません。

　ですから、本書のツールは、「何もないところからツールをつくるのは大変なので、はじめの寄る辺とするツール」というとらえ方をしていただき、そのまま無理にあてはめて余計に混乱を招くようなことは避け、どんどん改造していっていただくことを望みます。

　一方で、様々な違う業務があるといっても、「見える化」の根

本にある考え方、ツールを採用する意思決定の方向性は、同じです。一見、様々なツールたちですが、その考え方の根本にある、方向性（ベクトル）には違いがありません。

　そこで、ここでは本書を活用いただく前に知っておいていただきたいその「方向性」について、３つのキーワードによってご説明します。

キーワード①「変える」

「見える化」は、何かが見えるようになった、というただそれだけでは、特にメリットはありません。様々な情報が人に視覚的に伝わるようになった、というだけなら、「うん、わかった」と納得してそれで終わりです。

「見える化」は、何かが見えるようになったことを受けて、**変えなければ意味がない**、という考え方がまず重要です。見えるようにするのが目的ではなくて、改善することが目的である、という方向性です。

　また、逆に見えないままにやり方や行動を変えてしまうのも、問題があります。闇雲にやり方や行動を変えて突っ走ってしまうと、結果が出た時に逆に悪くなっている危険性があるので、やはりきちんと「見える化」してから改善にとりかかる必要があります。

キーワード②「事実」

　いま目の前に見えていることがこの世のすべてであり、それが事実を表しているとは決していえません。事実は往々にして見えません。「見える化」するにあたっては、**何が事実か**について、徹底的に追求することが必要不可欠です。

目の前に見えている "現象" だけにとらわれず、それを引き起こしている "原因" をあぶり出し、真の事実を見えるようにする、という方向性をもって進めます。

キーワード③「脱・常識」

さて、その事実ですが、事実＝常識では、決してありません。そして、脱・常識＝競争力という考え方があります。人と同じこと（＝常識）をしていたのでは競争に勝てないので、他人がやっていないこと（＝脱・常識）をやる、というわけです。

ですから、**「脱・常識な事実」** が、最大の競争力になります。「脱・常識な事実」を「見える化」しよう、という意識の方向性をもてとりかかると、強い自分、強いチーム、ひいては強い企業に結びつきます。

それでは、「脱・常識」な「事実」を「見える化」し、行動を「変えていく」という意識の方向性をもち、ぜひ本書のツールをご活用ください。

いつも机の片隅に置いてあって、ちょっとした思いつきの際にサッと本書をとって仕事の改善に活かしていただけたなら、著者として望外の喜びです。

2021年9月
コンサルソーシング株式会社　著者一同

はじめに ……………………………………………………………… 3

導入編

まずは、正しく「見える化」を理解する ……………………… 18

さて、何を「見える化」する？ ………………………………… 21

「見える化」実践のための4つのコツ ………………………… 26

「見える化」を実践するツール ………………………………… 29

デジタルツールで「見える化」を効果的に実現 …………… 39

ツール活用編

［タスク管理］

個人の「考える時間」もタスクカードで徹底管理 …………… 44
"考える時間、インプットの時間"の「見える化」

組織メンバーの配置ロス、バランスロスを調整する ……… 46
"仕事の偏り"の「見える化」

見通しが立たない仕事もうまく予測管理 ……………………… 48
"見通し"の「見える化」

「滞り」を見える化しムダな時間を減らす ………………………… 50
"仕事の滞留"の「見える化」

「小さな停止」の見える化で大きなトラブルを防ぐ …………… 52
"停止"の「見える化」

仕事の進捗が一目瞭然のすごいツール「エビボード」 ………… 54
"スピード"の「見える化」

職場の現状認識に役立ち課題解決を探るツール ……………… 56
"重要・緊急"の「見える化」

すべてのタスクを優先度で見渡せる仕組みをつくる ………… 58
"優先度"の「見える化」

急な「飛び込み仕事」でも円滑に回す方法 ……………………… 60
"飛び込み作業"の「見える化」

業務は「一列待ち」にして前から順にこなすべし ……………… 62
"待ち方"の「見える化」

シングルタスクで効率と管理力を高める ………………………… 64
"シングルタスク"の「見える化」

応援・受援で助け合う仕組みをつくる …………………………… 66
"応援仕事"の「見える化」

問題点のやり直しはマーカーで明確に …………………………… 68
"やり直し"の「見える化」

「仲間仕事」をまとめて効率アップ ………………………………… 70
"仲間仕事"の「見える化」

仕事の混雑具合をスッキリ解決 …………………………………… 72
"仕事密度"の「見える化」

［プロセス］

責任感を高め、互いが協力する体制をつくる ……………… 74
"プロセスの責任範囲の「見える化」

仕事の進捗や完成度をより正確に把握する ……………… 76
"進捗"の「見える化」

WBSを活用して作業のモレとムダを排除 ……………… 78
"やるべきこと"の「見える化」

仕事の遅れと進みが一目瞭然になる！ ……………… 80
"プロセスの遅れ進み"の「見える化」

属人化した業務を標準化し組織全体をレベルアップ ……… 82
"属人化プロセス"の「見える化」

作業時間のバラつきを安定化させる工夫 ……………… 84
"変動プロセス"の「見える化」

異常シグナルをすばやく共有してトラブル回避 ………… 86
"異常プロセス"の「見える化」

クリティカル・プロセスをあぶりだし業務を高速化 ……… 88
"クリティカル・プロセス"の「見える化」

業務の優先順の可視化で品質が高まる ……………… 90
"プロセス順"の「見える化」

成果物をスムーズに相手に届けるコツ ……………… 92
"行き先"の「見える化」

追加された仕事はチーム全体で情報共有 ……………… 94
"追加プロセス"の「見える化」

「飛ばされた業務」にはムダもあるという視点を持て ……… 96
"飛び越しプロセス"の「見える化」

「知恵カード」を活用して社内でひらめきを共有 ………… 98
"プロセス実行上の工夫"の「見える化」

外注作業の見える化で不正や事故を防止する ………… 100
"外部プロセス"の「見える化」

［仕事設計］

仕事のゴールをもっと明確にする ……… 102
"目的"の「見える化」

仕事を正しく導くルールづくりのコツ ……… 104
"ルール通りの行動"の「見える化」

「まっいいか」は事故の元　確認漏れを防ぐひと工夫 ……… 106
"行動"の「見える化」

目的達成への進捗管理こそが大事 ……… 108
"仕事の進行"の「見える化」

「ダラダラ仕事」のムダを取り締まる ……… 110
"標準時間"の「見える化」

4Mの「変化点管理」でトラブル対応力を高める ……… 112
"変化点"の「見える化」

トラブルに負けない計画を立てる方法 ……… 114
"仕事の阻害要因"の「見える化」

BSCの視点で戦略的にやるべきことを洗い出す ……… 116
"戦略ストーリー"の「見える化」

競合他社に負けない自社の強みの見つけ方 ……… 118
"競合"の「見える化」

市場の見える化は製品開発にも役立つ ……… 121
"製品と市場"の「見える化」

仕事の価値を高めるにはまず「顧客」を意識する ……… 124
"顧客の便益"の「見える化」

アウトプットを具体化し低品質・過剰品質を防ぐ ……… 126
"アウトプット"の「見える化」

生産性の低いムダな時間を大胆にカット ……… 128
"正味仕事と非正味仕事"の「見える化」

何をしたかわからない!? 「幽霊仕事」の原因究明 ……………… 130
"幽霊仕事"の「見える化」

ひと目でわかる修正履歴の管理テク ……………………………… 132
"修正"の「見える化」

やりたいことを実現するための工夫 ……………………………… 134
"夢"の「見える化」

［チーム管理］

思い・野望の具現化がチーム力を強化する ……………… 136
"目的・方針"の「見える化」

目標達成を登山に見立て楽しく。やる気もアップ ……………… 138
"目標"の「見える化」

チーム全体の力を底上げする方法 ……………………………… 140
"共通ステップ"の「見える化」

勘違いや話の脱線を防ぐ「ポスティング録」……………… 142
"打合せ内容履歴"の「見える化」

できるリーダーはすばやく応援体制を敷く ……………… 144
"能力と負荷のアンバランス"の「見える化」

予定と実績の時間差が大きいのは黄色信号 ……………… 146
"予実ギャップ"の「見える化」

見落としがちな共通費の工数に注意 ……………………………… 148
"共通費配賦"の「見える化」

正常をわざわざ見える化するのも大事 ……………………………… 150
"正常"の「見える化」──管理指標

気持ちを見える化し共助力を高める ……………………………… 152
"気持ち"の「見える化」

総時間の見える化がムダな残業を減らす ……………… 154
"総時間"の「見える化」

目標実現の精度アップは結果と行動の関連把握から ……………… 156
"結果と行動の連鎖"の「見える化」

適正行動を取って効果的に結果を出す ┄┄┄┄┄┄┄┄┄┄ 158
“適正行動”の「見える化」

メンバーの「やる気」を奮い立たせる星取り表 ┄┄┄┄┄ 160
“やっている人”の「見える化」

星取り表で良い行動の習慣化を加速させる ┄┄┄┄┄┄┄ 162
“継続”の「見える化」

残業時間を減らすしかけ「残業チケット」 ┄┄┄┄┄┄┄┄ 164
“チーム残業枠”の「見える化」

［改善］

やめるのは新しいことをするのと同じくらい重要 ┄┄┄┄ 166
“やめる”の「見える化」

生産性の見える化で改善状況が診断できる ┄┄┄┄┄┄┄ 168
“仕事の生産性”の「見える化」

改善行動の「横展開」がムダの削減に効果的 ┄┄┄┄┄┄ 170
“効果”の「見える化」

ムダな時間を把握し労働可動率を高める ┄┄┄┄┄┄┄┄ 172
“労働時間の可動率”の「見える化」

自分たちの弱さを知りカイゼンを加速せよ ┄┄┄┄┄┄┄ 174
“管理・改善レベル”の「見える化」

改善効果をもっと高め、成果につなげる方法 ┄┄┄┄┄┄ 178
“成果”の「見える化」

やるべきことやらないことを整理する ┄┄┄┄┄┄┄┄┄┄ 180
“フロントオフィス業務”の「見える化」

ムダな調整・確認作業をチャートであぶり出す ┄┄┄┄┄ 182
“ミドルオフィス業務”の「見える化」

定型業務はカードで整理し合理化を徹底する ┄┄┄┄┄┄ 184
“バックオフィス業務”の「見える化」

１日の時間の使い方を効率的に改善する ………………………… 186
“仕事の割合”の「見える化」

顧客のリスク低減を意識　それが信頼につながる ………………… 188
“顧客へのムダ”の「見える化」

「改善ボード」を使って改善意識を一気に高める ………………… 190
“改善活動”の「見える化」

「見られている」ことがモチベーションを高める ………………… 192
“見られていること”の「見える化」

失敗は恥よりもむしろ宝　全員で共有しよう ……………………… 194
“失敗”の「見える化」

ひとりのすごい経験をみんなの財産にする ………………………… 196
“褒め”の「見える化」

振り返りのクセが飛躍を生む一歩となる …………………………… 198
“振り返り”の「見える化」

貢献度も瞬時にわかる振り返りツールを活用 ……………………… 200
“目的に対する振り返り”の「見える化」

不満解消の秘訣は客観的に見ること ………………………………… 202
“不満”の「見える化」

ムダに気づかなければ何も始まらない ……………………………… 204
“自責のムダ”の「見える化」

課題は根本的な原因から洗い出してつぶしていく ………………… 206
“なぜ×５”の「見える化」

［人と組織］

メンバーのスキルを把握　最適配置で結果を最大化 ……………… 208
“個人能力”の「見える化」

目標作りはみんなの頭の中の見える化から始める ………………… 210
“組織目標”の「見える化

能力を高める目標設定のやり方 ……………………………………… 212
“職場能力”の「見える化」

曖昧な役割も見える化でやる気が高まる ⋯⋯⋯⋯⋯⋯⋯ 214
"役割"の「見える化」

他部署との「つながり」をしっかり把握しておく ⋯⋯⋯⋯⋯⋯ 216
つながり"の「見える化」

「活動体制表」で当事者意識を高める⋯⋯⋯⋯⋯⋯⋯⋯⋯⋯ 218
"名前"の「見える化」

オリジナルの言葉で組織の価値観を共有 ⋯⋯⋯⋯⋯⋯⋯ 220
"キーワード"の「見える化」

組織の変遷がひと目でわかることが大事 ⋯⋯⋯⋯⋯⋯⋯ 222
"組織の歴史"の「見える化」

やりたいことを明確にし働き方を見直す ⋯⋯⋯⋯⋯⋯⋯ 224
"期待"の「見える化」

個人の能力アップにはまず強みと弱みを知る ⋯⋯⋯⋯⋯ 226
"強み・弱み"の「見える化」

［仕事環境］

パフォーマンスアップは書類の整理から ⋯⋯⋯⋯⋯⋯⋯⋯ 230
"要らないファイル"の「見える化」

行動とファイル更新を連動「うっかり」を防止 ⋯⋯⋯⋯⋯ 232
"行動に紐づくファイル更新"の「見える化」

オフィスのモノは発注カードで徹底管理 ⋯⋯⋯⋯⋯⋯⋯⋯ 234
"発注点"の「見える化」

共有物を持ち出したら「留守番役」で管理すべし ⋯⋯⋯⋯ 236
"返す場所"の「見える化」

ラベルにはステータスも明示しファイルの迷子を防ぐ⋯⋯⋯ 238
"ファイル役割名"の「見える化」

仕事の切れ目を入れるには机の上をゼロにする ⋯⋯⋯⋯ 240
"仕事の切れ目"の「見える化」

変更点が誰でもわかるように「カラーマーク」表示せよ………… 242
"変更箇所"の「見える化」

「乱れ」の認識が職場の規律やセキュリティ対策につながる … 244
"乱れ"の「見える化」

「メールが見つからない」をなくすメール管理術 ……………… 246
"メール種別"の「見える化」

似た書類を瞬時で区別するちょっとした工夫 ………………… 248
"ファイル種別"の「見える化」

隠れたムダスペースを見える化して有効活用 ………………… 250
"デッドスペース"の「見える化」

おわりに ………………………………………………………… 252

導入編

まずは「見える化」の意義と目的をしっかり理解してください。

また、「見える化」ツールの代表ともいえる「かんばん方式のタスク管理」の基本を解説します。

まずは、正しく 「見える化」を理解する

「見える化」とは、何か？

「見える化」とは、"見えないもの" を "見えるようにする" ことです。こう言うと、「それはそうでしょう、当たり前だ」と思われるかもしれませんが、ここで大事なのは**すでに見えているものは対象にしない**、ということです。すでに見えているものをあえて見えるようにする必要はありません。「見える化」とは、普段は見えていないものを、何か特別なことをして見えるようにする、ということなのです。

　事実には、**原因**と**現象**があります。目の前に見えているのは**現象**です。現象も事実ではありますが、問題が発生したときに現象だけを見て対策したのでは、問題を解決することはできません。その現象を引き起こしている**原因**をあぶり出して対策することで、はじめて問題を解決することができます。ただ残念ながら、原因はそうたやすく目の前に表れてこないので、細部まで調べつくして見えるようにしなければなりません。そのために、本書で紹介する「見える化」の手法を駆使します。そのためのポイントは次の3つです。

ポイント① 「見える化」は"トリガー（引き金）"に過ぎない

例えば"仕事の「見える化」"というと「自分の仕事をカードに書いて貼り出して、誰が何をやっているかわかるようにすること」というふうに考える人が多いのですが、自分でわかりきっている仕事をカードに書き出し、それをお互いに見えるようにしたとしても、それだけでは何も良くはなりません。

何かを改善するためには、行動しなければなりませんし、何かを変えなければなりません。

自分たちの仕事において、何をどのように変えて良くしていきたいのか明確にする。そして、そのために必要な行動が何であるのかを定義し、その行動を開始するために何を見えるようにしなければならないかを明らかにできてこそ、「見える化」を行う価値があります。

「見える化」は、何かを変えるにあたって、必要な行動を開始させる**トリガー（引き金）**です。必要な行動に結びつかない「見える化」は何も価値がない**見えた化**に過ぎません。これは要注意です。

ポイント② 「見える化」は"現在"を対象にする

「見える化」は、徹底していま_・の、現在の事実を見えるようにします。事実は普遍でも不変でもありません。時と場所、環境などによって事実はコロコロと変わります。過去の事実は、未来の事実ではありません。去年売れたモノが今年も同じ理由で売れるとは限りませんし、来年は売れないかもしれません。

完了してしまった"**結果のデータ**"を得るのはたやすいですが、完了前の途中段階での"**事実のデータ**"を得ることは意外と難し

いのです。ですから、多くの組織は、データの得やすい過去の事実から未来を予測して、計画し、その計画に従って現在の事実を見ないままに行動するというスタイルで仕事をしています。「見える化」は、いまこの瞬間、現在進行中の事実を見えるようにして、確実に良い結果が得られるように調整を繰り返していくことです。結果から次の計画を立てることを繰り返すマネジメントではなく、**現在の事実からいまの行動を調整することを繰り返し、結果を出すマネジメント**をめざすものなのです。

ポイント③ 必ず"夢"も一緒に「見える化」する

「見える化」は、見えないものを見えるようにすることですが、見えないものは**事実だけではありません**。未来の事実としたいもの、つまり、**夢**も、見えないもののひとつです。夢を「見える化」し、将来への期待とそれを担う自分たちの役割を認識させることが、組織を成長させます。

「見える化」は、常に見えるようにする**モノ**と**行動**を"対"として考えていきます。夢も、単に"ありたい姿"や"状態"を描いただけでは、行動できません。行動が開始できるまで具体化されなければ、「見える化」された夢とは言えないのです。

　一人ひとりの頭の中にある夢は、個人の経験やひらめきに基づいた知識、すなわち**暗黙知**としての状態で、そのままでは人には伝わりませんし、まして共有などできません。暗黙知の夢をお互いに明示して理解し、何をしていけばいいのか全員がわかるように**形式知化**していく作業が必要です。

　夢の「見える化」は、頭の中で暗黙知化している夢を形式知化して、共有し、行動につなげていくことなのです。

さて、何を「見える化」する？

「見える化」の目的は、"人に行動を開始させ、その行動によって何かを変えて良くすること"です。では、その変える対象は何なのでしょうか？

ここでは、その6つの対象と、それを対象とする目的について解説します。

対象① "異常"の「見える化」

第1の目的は、**予防管理**です。

予防管理とは、問題が発生する前、または目標未達が確定する前に、その事実を予知して予防的処置をとることです。

予防的処置を開始するためには、**異常**を「見える化」します。

異常を見えるようにするためには、まず**正常を定義**する必要があります。問題の発生を左右する動作・行動の"正常な状態"、目標・結果につながる行動の"正常な状態"を、明確にします。そして、その状態から外れた状態を、"異常"とします。

対象② "暗黙知"の「見える化」

1人が何かの知恵を得たとします。その知恵を活かして次の日

から仕事をしても、組織全体から見ればひとつの知恵が1カ所で使われたことにしかなりません。

　もし、この知恵を100人で共有したとすれば、ひとつの知恵が100カ所で使われることになります。

　見える化の2番目の目的は、**知恵の共有**です。

　知恵を共有するためには、お互いに知恵をわかり合わねばなりませんが、個人の持つ知恵の多くは、頭の中で**暗黙知**となっていて、そのままでは人に伝えることができません。暗黙知となっている知恵を「見える化」＝**形式知化**して、人に伝え、共有できるようにすることが必要となります。

　また、人は"刺激"を与えられることによって知恵を生み出すことがよくあります。知恵と知恵がつながることによって、効果が数倍になることもあります。

　個人の持つ知恵を互いに「見える化」して刺激し合い、連鎖させることによって、ひとつの知恵が数十倍以上の価値を生み出します。

対象③ "方針"の「見える化」

　見える化の第3の目的は、**組織をつくること**です。

　企業内には、組織という名前でありながら、実際には組織でない個の集団がよく見られます。

　本来"組織"とは、共通の目的・方針のもと、一致協力して知恵を共有し、有機的に連携して行動する集団です。

　しかし"個の集団"とは、一人ひとりが異なる目的・方針を持ち個々バラバラに行動している集団であり、知恵の共有も行動の連携もありません。たまたま同じ場所で同じ設備やインフラを

使って仕事をしているだけです。

"個の集団"の能力は「個人の能力の総和」にしかなりませんが、"組織"の能力は、個人の能力を互いに利用し合い、高め合う関係にあることから、「個人の能力の積」となります。

企業の競争力を高めるためには、本来の"組織"とならなければなりません。そのためには、組織の目的・方針を「見える化」して、個の知恵を共有し、連携した行動のできる集団をつくっていかなければなりません。

対象④　"成長"の「見える化」

見える化の第4の目的は、**さらなる成長**です。

成長するためには、自分たちが成長しているのかを"客観的に測定"し、成長のために実施している様々な施策が"有効か否か評価"し、有効なものは継続して、無効なものはやめて有効なものに置き換えていかなければなりません。

これまで、営業・開発・事務・サービスといったオフィスワークは、定型作業の繰り返しといった仕事ではなく、仕事からのアウトプットも千差万別であることから、仕事の品質や生産性を測定することは極めて困難であるとされてきました。

しかし、職場間や個人間の品質や生産性の高さを比較して測定することは困難だとしても、同一職場、同一個人において、ある基点からの変化を測定することはできます。

つまり、**絶対的**な品質・生産性の高さを測定できなくても、高さの変化を追いかけていく**相対的**な品質・生産性の高さが測定できれば、成長を測定できることになります。

対象⑤ "状態"の「見える化」

見える化の第5の目的は、**自律した職場にすること**です。

自律とは「自ら考えて自ら行動する」ということであり、目的に向かって自分たちのやるべきことを明確にし、行動を開始し、目的に対する自らの行動の適切性を確認して調整していくことです。

自ら考えて自ら行動する職場となるためには、自分たちの考えていること、行動していることのいま、この瞬間の状態を客観的に見ることができなければなりません。

いま、自分たちは何のために、何に向かっているのか、どこまで進んでいるのか、進む方向はズレていないか、目的はどの程度達成されているのか、問題は発生していないのか、などです。

目的に対する自分たちの活動の、いまの状態を見ることができなければなりません。

対象⑥ "ムダ"の「見える化」

見える化の第6の目的は、**仕事の価値を高めること**です。

"価値の高い仕事"とは、"顧客の価値を高めることのできる仕事"です。そのためには、価値そのものが何であるかがわからなければなりません。

昔は価値があった仕事でも、顧客や市場の求めるものが変わり進化した現在では、価値のないものになっているかもしれません。そのことに気づかず、一生懸命がんばっても報われない、ということになっていないでしょうか。

価値は日々変化し、進化していきます。価値の変化や進化をとらえるためには、価値の反対側、つまり、**ムダ**を認識することで

す。

　いまやっている仕事は顧客に価値を与える貢献度が低下していないか、検討し、やめてみて、その影響から価値の大小を探っていきます。

　ムダを認識できるようにすること＝ムダの「見える化」を行い、そこから、価値に対する認識を深め、それを高めることを追求していきましょう。

見える化するときの脳の使い方

人間には、右脳と左脳があります。右脳は、画像などのイメージデータを扱う脳で、全体を把握し、関係性や変化を認識するのに長けていると言われています。左脳は、テキスト等の言語データを扱う脳で、物事を論理的に理解することに長けていると言われています。

見える化では、両方の脳の特性を活かすように図表と文章を組み合わせて取り組みましょう。

「見える化」実践の ための4つのコツ

「見える化」は、次の4つを意識して進めると効果を発揮します。

コツ① "めざす姿"を定義する

「見える化」は**手段**であって、**目的**ではありません。まず「見える化」で仕事をどうしたいのか、改善後の「めざす姿」を定義します。

「仕事がやりやすくなって、業務上の目標が達成できていく手応えを感じるような職場にしたい」

「問題や異常にすぐ気づいて、事が大きくなる前に対処でき、お客さんから信頼されるようになりたい」

「お互いの仕事がどのように進んでいるのか共有でき、助け合いながらチームとして仕事を遂行する職場にしたい」

などといった**夢**を語り合っていきます。

コツ② "行動"を明確化する

めざす姿が実現できている職場は、いまの職場とは明らかに何かが違うはずです。いま以上に知識や経験も豊富で、いろいろな工夫が仕事の中でされているでしょう。いまはまだできないこと

が、普通にできるようになっていることでしょう。つまり、いま
とは・行・動・が・違・っ・て・い・く・ということです。

　例えば現状は「会議を開催するときにテーマだけ決めて、会議
の中でテーマに関する情報交換や議論をする」という会議の仕方
だとします。これに対し、

　**「会議が脱線することなく、短時間で必要な情報交換と意思決
定がなされる」**

　というめざす姿を定義したとすると、そのために必要な行動とは、

　**「会議の開催に先立ち、会議がどのように進行され、そこで何
が伝えられ、どんな意見が交換されるかの見通しを立てる」**

　ということでしょう。

　めざす姿を実現するために、**いまはできていない行動**ができる
ようになるイメージを、しっかりと持つ必要があります。

コツ③　"見るべきもの"を決める

　行動が変われば、**仕事のスタイル**が変わり、**結果**が変わって、
よい**成果**が出ます。

　ただしこれは正しい方向に行動が変わったときの場合です。も
し間違った方向に行動を変えてしまった場合は、成果が出ないの
はもちろんのこと、障害が発生したり、収拾がつかなくなったり
してしまいます。

　行動してすぐにその行動が「良かったのか？　悪かったの
か？」、明確な結果が現れればいいのですが、なかなかそうはい
きません。

　そこで、**結果が出る前に、よい結果に向かって行動がなされて
いるのか、その適切性を見極める**必要があります。適切な行動が

とられているかを判断するために何を見ればよいのかを考え、その**見るべきもの**を決めます。

　最初から的確なものを選ぶことはなかなかできません。まずはやってみて、見るべきものからのデータと結果を照合して、見るべきものが妥当なのかを何度も見直していきます。この経験を積み重ねていくことによって、自分たちの行動の適切性をはかるために必要な"見るべきもの"を見抜く力が備わっていきます。

コツ④ "日常的に「見える」工夫"をする

　ところが、"見るべきもの"というのは、**簡単に見ることができない**ものなのです。例えば非常な手間をかけて"見るべきもの"のデータをとったのでは、コストがかかってしまいます。そしてついに見えたときにはすでに結果が出ていて、もうそのデータは必要ないということもよくあります。

　"見るべきもの"を「明確にすること」は、経験を重ねていくことによってできるようになります。が、その"見るべきもの"を、コストをかけず、すぐにその場で見えるようにするのは、**経験だけでは解決できません。**

　知恵と**工夫**を駆使して、**改善**を繰り返していくことが、唯一の道です。「見える化」ができない組織のほとんどは、この"日常的に「見える」工夫"をしていません。手間がかかるからデータが集まらない。集まらないから、見るべきものと結果の関係がいつまでも学習されていかない。的外れなものをいつも一生懸命に見ていることになってしまい、「見える化」をしても仕事は良くなっていかないという、悪いサイクルに入ってしまっています。

「見える化」を
実践するツール

「見える」ようにするのが真の目的ではない

「見える化」を実践するには、日常的に"見るべきもの"を見て、そこから行動を開始するための**ツール（道具）**を用意します。日常的に見える工夫がなされた、その職場にあった、使いやすいツールを、自分たちで考えてつくっていくことが大切です。

　ツールで大切なのは、見えるようにすることよりも、見えたものから行動がいかに開始されるかという点に力を置くことです。

　見えるようになると、それだけで良くなった気がして、あとは見た者が判断して行動すればいい、と思ってしまうことも多いです。しかし、「見える化」は**行動を変えさせることにこそ意味があります。**見えただけでは意味はありません。

　どのように行動を変えるのか、そのためにツールはどうなっていればよいのか、いろいろと工夫を重ね、ツールをつくっていきましょう。

　そうは言っても、何もないところからツールをつくるのは大変です。最初はひな形となるものを選んで、それを改造することからはじめていきます。ご自身の仕事にもっとも近いものを選んでいただいて、それをもとに改良していっていただければと思います。

ここでは、それらの"ベース"となるツールを紹介しましょう。

「かんばん方式のタスク管理」を活用する

オフィス業務の仕事の見える化を日常的に管理するツールの代表といえるものが**「かんばん方式のタスク管理」**です。「ツール活用編」で紹介する多くのしかけや工夫は、このかんばん方式のタスク管理を活用したものです。

かんばん方式のタスク管理は、仕事の内容を記した**「タスクカード（作業カード）」**を、着手前、着手中、完了といった状況ごとに、それぞれの置き場に貼っていくことで、仕事の状況や結果が一目でわかるようにするツールです。

> ### かんばん方式のタスク管理とは？
>
> タスク管理に、トヨタ生産方式の「かんばん方式の原理原則」を取り入れたものを、かんばん方式のタスク管理と言います。かんばん方式の「かんばん」をタスクカードに置き換えて、かんばん方式で培われた知見をタスク管理に応用したものです。
>
> 海外でもKanban BoardまたはKanban Toolと呼ばれ広く採用されています。

カードの貼り方、動かし方をいろいろと工夫することによって、仕事の進捗状況だけでなく、負荷の集中・偏り状況、中断・保留などの滞留状況、トラブルへの対応状況、計画外業務などの異常状況が見える化され、生産性の向上、リードタイムの短縮、品質向上など様々な管理上の課題を解決していくことができます。

作業展開計画（ＷＢＳ）やプロセスマップなどの他のしくみと連携して使うことによって、ムダのない、標準化された作業を、異常を解決しながら遂行していくことができたりもします。

基本形は、ToDo 型となりますが、仕事環境や管理のねらいなどによって、**様々な形態のタスク管理ボード**が作成され、利用されています。

　本書では、応用性の高い、かんばん方式のタスク管理の作成方法と使い方を紹介していきます

▶ 本書に登場する管理ボード・しくみの例

〈基本型・タスク管理ボード〉

	作業予定	作業中	完了
山野			
大下		☐	
玉置			☐
鈴木	☐		

〈プロセスマップ〉

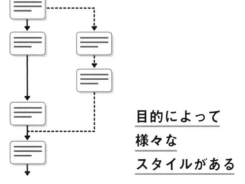

目的によって
様々な
スタイルがある

タスクカードで仕事そのものを見える化

タスク管理の出発点は、タスクカードです。仕事そのものを見える化したカードです。

タスク管理の効果を左右するのが、このタスクカードの書き方にあります。単に、作業内容を書き出すだけでは、効果は少ないものになってしまいます。見える化は、手段であって、目的ではありません。何のためにタスクカードで仕事を見える化させるのか、そのねらいを意識してカードに書き出していきましょう。

▶ タスクカード（作業カード）の記入例

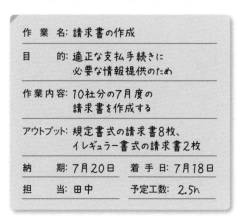

①作業名を書き出す意義と効果

作業名は、実施する作業を管理する単位で、作業の範囲がわかるように書きます。タスクカードを並べたときに、作業の順番、抜け、重複がわかるようになります。

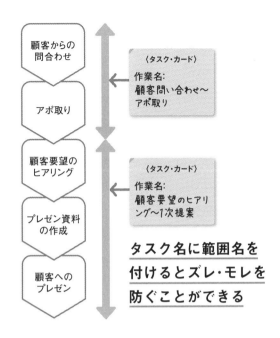

②目的を書く意義と効果

　仕事は、目的を達成することにあります。目的がわからなければ、仕事が完了したか、品質は適切であったかわかりません。目的があいまいなまま仕事を始めるとムダなことをしたり、不完全な仕事となったり、トラブル時の対応を誤ることにつながります。目的を定義し、書き出すことで、品質と生産性が高く、トラブルに強い仕事ができるようになります。

③アウトプットを書く意義と効果

　仕事は、何らかの成果物を生み出すことが求められます。アウトプットする成果物があいまいでは、仕事の品質や作業時間にムラやムダが発生します。アウトプットを定義し、書き出すことで、ムダのない品質の高い仕事ができるようになります。

④納期を書く意義と効果

　タスクごとの納期を書くことで、タスクの着手順がわかり、仕事全体の最終納期を守るための重点的に管理すべきタスクが明確になります。

⑤着手日を書く意義と効果

　タスクの着手日を書くためには、自分の仕事の負荷状況を明らかにし、調整することが必要となります。着手日を書くことで、負荷管理と調整が促されます。

⑥予定工数を書く意義と効果

　タスクの予定工数を書くためには、作業の内容とかかる時間を見積もることが必要となります。見積もることで作業負荷の見通し、想定外を含めた阻害要因を見込んだ対応を準備することにつながります。

タスクの切り方

　いざタスクカードを書こうと思ったときに、皆さん迷うのが、どの単位でタスクカードを作成すればいいかということです。思いつくままに作成しては、後々の管理で支障が出てきたりします。

　仕事の特性や管理の目的、管理のしやすさを考えてタスクカードの作成単位を考えましょう。

　製品・サービスの開発や準備の進捗を管理する必要がある場合は、**製品・サービス**で分けます。

　業務プロセスの進捗を管理する必要がある場合は、**プロセス**で分けます。

　規模の大きい仕事で、パーツ作成や個々の作業の推進を優先する進め方が求められる前半の段階では、製品・サービスの切り口

でタスクを作成。後半、全体をまとめる段階に入ったときは、プロセス単位でタスクを作成するというように、両者を組み合わせることも少なくありません。

　製品・サービス単位のタスクの切り出しでは、製品・サービスのまとまりに分け、さらに、機能別やパーツなどの要素に分けて、タスクを作成します。
　業務プロセス単位での切り出しは、プロセスが仕組みとしてまとまった単位（しくみ）に分け、さらにプロセスや手順に分けてタスクを作成します。

　タスクの作成単位の理屈は、以上のようになりますが、実際にやってみて、自分の管理のしやすさ、異常対応のしやすさで、作成単位は見直していきましょう。

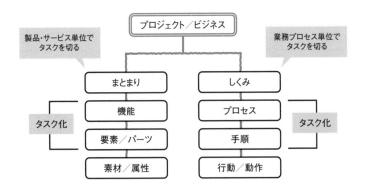

タスク管理の管理ボードの作成方法

　タスクカードが作成できたら、管理ボード上に貼り出してタスク管理を始めます。

　タスク管理ボードの形態には様々なものがあり、管理の目的に応じて使い分けていきます。

　たとえば31ページで紹介したもの（上図）は、その基本型で、作業の進捗状況を見える化したボードです。横軸は「作業予定」「作業中」「完了」と進捗状況、縦軸にメンバーの名前を示します。各自が、進捗状況に応じて、タスクカードを貼り付けていくものです。

　他の管理ボードの形態は、「ツール活用編」で紹介しています。その中で、管理目的に合ったものを参考にしてください。

　ただ、管理ボードを扱ううえで、よくある失敗があります。それは、仕事の進捗状況がわかり、安心感を感じるものにしてしまうことです。仕事が順調に進んでいることがわかりやすい構造や表示方法にしてしまうのです。

　タスク管理の目的は、異常を浮かび上がらせて、影響が出る前に未然防止の処置をして、仕事の所期の目的を果たすことにあります。そのためには、異常がひしひしと伝わるような構造や表示にしなければなりません。安心感ではなく、このままではやばいぞと感じるものにする必要があります。納期遅れになりそうだということがわかるためには、何が見えていればいいのか考えて、管理ボードに反映しましょう。

	予定作業	完了作業
田中	▢	▢ ▢ ▢ ▢
鈴木	▢ ▢ ▢ ▢	▢
山田	▢ ▢	▢ ▢

「特定の人に仕事の負荷が集中、作業の消化スピードが他の人より遅い」といった異常が見える化されている

単に、見える化しただけでは、
意味がない。見えてきたものから、
異常や課題に気づき、
改善して初めて意味がある！

鈴木さんが遅れている！

何が問題なんだろう！

タスク管理のめざすもの

タスク管理で成果を出せていない人やチームに共通するのが、タスクを見えるようにすることを目的化していることです。見える化は、手段であって、目的ではないのです。何のためにタスク管理を行うのか、その目的を再確認しましょう。

仕事の環境や課題により、タスク管理の目的は、次の4つに分類できます。

①品質保証

仕事の品質を確実にするために、仕事の成果物とそれを生み出すプロセスの異常を見える化し、処置して、品質を確実なものにすることです。異常を浮かび上がらせるためには、正常を定義し見える化しなければなりません。仕事の品質の良し悪しは、目的を満たしているか否かで判断します。そのためには、最初に、目的を見える化します。続いて、成果物の品質基準を見える化します。品質を作り込む正しいプロセスを設定して見える化することも必要です。

②平準化

タスク管理を行う理由の第一位の目的とも言えます。仕事の人別や日別、工程別の偏りをなくし、負荷を平準化して、ムリ・ムダ・ムラのない仕事環境を作り上げることです。偏りを知るためには、負荷の状況が見えるようにし、能力の過不足も見える化します。

③納期遵守

仕事の進捗管理力を高めて納期遅延をなくすためです。進捗状況を見えるようにし、仕事の配分問題、進捗を阻害する中断や飛び込み仕事を把握して、処置します。

④再発・未然防止

管理サイクルを回すためです。異常やトラブルの経験を次に活かし、再発防止や未然防止につなげるためのPDCAサイクルを回します。

デジタルツールで「見える化」を効果的に実現

タスク管理に役立つＩＴツールと使い方のポイント

　仕事ではパソコンやネットワークの利用が当たり前となっています。当然、タスク管理もＩＴツールを使った方が便利です。本書で紹介するタスク管理は、ホワイトボードや模造紙などの活用をベースとしていますが、使い方やコツは、デジタルの場合でも変わりはありません。

　ＩＴツールでは、その特性を活かした使い方もできます。たとえば、**ネットワーク上のドライブにエクセルなどで作成したタスク管理ボードを共有する方法であれば、遠く離れた人たちとひとつのタスク管理を共有して使うことができます。**

　自分のスケジュールやメールなどと連動させるグループウェアやプロジェクト管理ソフトの一部としてタスク管理を使う方法もあります。

　たとえば「Google Keep」（Google）は、シンプルで使いやすいタスク管理アプリです。チームでタスクを共有しない場合は、「Google ToDo リスト」も使えます。

Google Keep

　進捗を自動で管理をしたり、横串集計をしたり、ガントチャートで全体のスケジュールも見たいという場合は、「Trello」（Atlassian）や「Jooto」（PR TIMES）などの本格的なタスク管理アプリがあります。

Trello

　タスク管理アプリでは、ITの特性を活かした使い方をすると、より便利で高度なタスク管理ができるようになります。

　たとえば、瞬時に複製を作ることができるコピー機能を使えば、テンプレート化したタスクカードを作成し、タスク管理の標

準化やルールの徹底ができます。ひとつの情報を横串を通してまとめるラベル機能を使えば、多角的にタスクの進捗や負荷の偏りなどを分析でき、タスク管理の管理レベルを高めることができます。操作結果を瞬時に集計する機能では、各担当者の作業進捗をリアルタイムで通知したり、次のタスクへ反映することができます。

　ここで紹介したタスク管理アプリは、無料でも使用できます（機能等制限あり）。
　本書で紹介する考え方、手法をうまく取り入れ、IT ツールもうまく活用し、タスク管理の管理レベルを高めるチャレンジをしてみましょう。

アイコンについて

「ツール活用編」では、各項目の冒頭にアイコン（インデックス）を掲載しています。

リーダー

主に、リーダー、マネジメント層向けの項目です

一般

リーダー、マネジメント層だけでなく、一般社員でも活用できる項目です。

効率化

業務をより効率よくするものです。高速化につながるものもあります。

事故防止

異常な状況をはっきりさせ、事故などの予防管理になるものです。

相互理解

属人化された業務や、各人の気持ちなどを見える化するものです。

ムダ排除

不要な業務や、「なんとなく」で進めている業務などを見える化します。

全体把握

チームメンバーの仕事の進捗状況などを見える化するものです。

目標設定

数値目標、方針、どうありたいかなど、目標を明確化するものです。

ツール活用編

「タスク管理」から「仕事環境」までの7カテゴリーで、オフィス業務を見える化するツール・フォーマットを紹介します。多くのツールのベースとなるのは、導入編で紹介した「かんばん方式のタスク管理」です。

個人の「考える時間」も タスクカードで徹底管理

"考える時間、インプットの時間"の 「見える化」

　仕事を行うには時間が必要です。これは代替の利かない貴重な資源です。品物を製造したり、プログラムを開発したりする場合、時間さえあればいくらでも品質を上げることができます。企画や研究における検討などの無形の仕事であれば、なおさら時間によって内容の精度が変わってきます。そして、この仕事にどれくらいの時間をかけるのかを担当者任せにしてしまうと、その人の価値判断によって投入する時間が決められてしまいます。

　チームとして、重要な仕事に十分な時間を投入し、そうでない仕事の時間を削ることで仕事の精度や確度を高めていく必要があります。

　インプットの「見える化」は、その仕事に投入する時間を明確にします。特に**思考などを伴う無形の仕事は、時間を設定することが有用**です。思考にはきりがありませんので、仕事の品質（精度や確度）を投入する時間によって定義するのです。例えば「４時間で考えられる範囲で検討する」とか、「１時間以内に結論を出す」などといったように定義します。

▶ 時間制約型タスクカードの活用例

作　　業: XY製品の改良案を作る

目　　的: XY製品をより使い易い製品にする

インプット: XY製品企画書
　　　　　　　〃　　設計書

アウトプット: 改良提案書

投入時間: 6時間

> 「どれくらいの時間が必要か?」
> ではなく
> 「どれだけの時間を掛けても良いか?」で決める

組織メンバーの配置ロス、バランスロスを調整する

"仕事の偏り"の「見える化」

　職場では能力や負荷に違いがあり、偏りが発生していることがあります。例えば、A課とB課には3人の人員がいますが、それぞれ2.5人分の仕事しかなく0.5人分ロスが発生しています。これを**配置ロス**といいます。

　また、月初と月末は余裕があり月中が忙しい人、反対に、月初と月末は忙しいが月中は余裕がある人が同じ職場にいて、いつも残業しているというような、**バランスロス**が発生していることもあります。異なる職場間でも同じようなことがあります。

　偏りを「見える化」するには**「タスク管理」**を行います。この「タスク管理」はオフィス版かんばん管理です。タスクカードを担当者別に貼り出し、本日の行うべき作業、現在行っている作業、完了した作業をわかるようにします。

　これによって、一日の各人の負荷が一目瞭然になります。また、1カ月などの期間で区切って完了カードを見直すことで、誰がどの時期に何の仕事で忙しいのか、職場の繁閑が明らかになります。そこから課題を抽出して、平準化、組織能力の最適化をめざします。

▶ タスクカードで仕事の偏りを見える化する

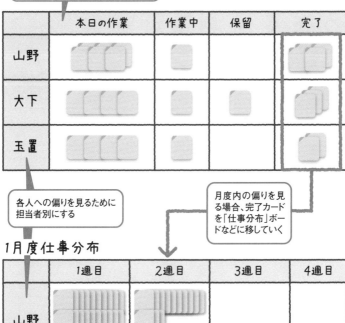

タスクカードの原単位（ここでは1枚あたりの作業時間）を揃えておく

	本日の作業	作業中	保留	完了
山野				
大下				
玉置				

各人への偏りを見るために担当者別にする

月度内の偏りを見る場合、完了カードを「仕事分布」ボードなどに移していく

1月度仕事分布

	1週目	2週目	3週目	4週目
山野				
大下				
玉置				

見通しが立たない仕事も うまく予測管理

"見通し"の「見える化」

　すべての仕事において"着手する時に行わなければならない事柄"が明確になっているわけではありません。しかし、先の見通しが立たないからといって目先の作業だけに注力すると、あとで大変なトラブルに巻き込まれてしまいます。

　見通しを立てながら仕事を進めるには、**「未確定タスクカード」**を使用します。仕事の中ですでに明確になっているタスクは、通常のタスクカードとして起こします。そして、明確になっていないタスクに関しては、どのような作業あるいは領域が発生し得るのか、どのタイミングではっきりするのかを記載したカードを起こします。

　そして、すべてのタスクカードをタスク管理ボードに貼り出し、未確定のタスクカードの内容が明確になりしだい、通常のタスクカードに変えていきます。こうすることで、いま明確になっているタスクだけではなく、抱えているタスク全体を把握することができます。

▶「未確定タスクカード」の活用法

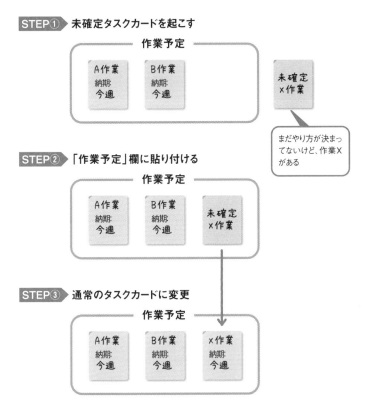

STEP① 未確定タスクカードを起こす

作業予定

A作業	B作業
納期: 今週	納期: 今週

未確定
x作業

まだやり方が決まっ
てないけど、作業X
がある

STEP② 「作業予定」欄に貼り付ける

作業予定

A作業	B作業	未確定 x作業
納期: 今週	納期: 今週	

STEP③ 通常のタスクカードに変更

作業予定

A作業	B作業	x作業
納期: 今週	納期: 今週	納期: 今週

未確定作業を確定する作業を、「タスク管理ボード」で管理します。とにかく思いつくタスクをすべて書き出しましょう

「滞り」を見える化し
ムダな時間を減らす

"仕事の滞留"の「見える化」

　リードタイムとは、仕事の着手から完了するまでの時間のことです。仕事はいろいろなところで滞留しています。例えば、必要な資材がすべて揃わなかったり、上司の承認を待たねばならなかったりすると滞留します。リードタイムを最短にするには、この滞留状況を見えるようにします。

　仕事の滞留が見える**「工程間タスク管理ボード」**とは、横軸に仕事のプロセスを、行う順番に書き出したものです。仕事ごとのカードを貼り、プロセスの作業を行う時に持っていって、終了したら次のプロセスの欄に貼っていきます。

　何らかの事情でプロセスが滞りはじめるとそのプロセスの欄にカードが溜まり、異常が発生していることが一見してわかるようになります。そして、異常を発見したらその原因を追求し、改善を行い、最短リードタイムをめざします。

　仕事のプロセスは、明確なアウトプットのある完結した単位で切ります。レビュー、確認、承認なども、プロセスとして起こします。ここが一番滞りやすいからです。また、カードは作業で切るのではなく、案件やプロジェクト単位で切っていきます。

▶「工程間タスク管理ボード」の活用例

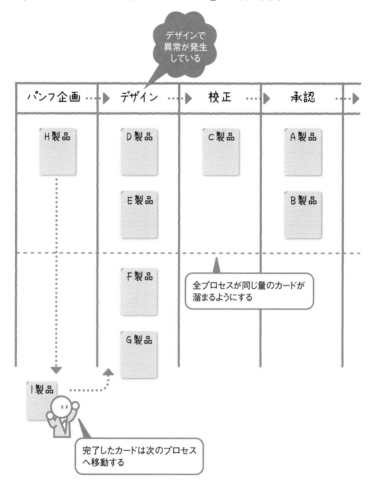

デザインで
異常が発生
している

パンフ企画 … ▶	デザイン … ▶	校正 … ▶	承認 … ▶
H製品	D製品	C製品	A製品
	E製品		B製品
	F製品		
	G製品		
I製品			

全プロセスが同じ量のカードが
溜まるようにする

完了したカードは次のプロセス
へ移動する

いきなりプロセスに溜まるカードを0にするのではなく、すべての
プロセスに同じ量のカードが溜まっているようにし、その量を
徐々に減らしていきます

「小さな停止」の見える化で大きなトラブルを防ぐ

"停止"の「見える化」

　仕事はいろいろな事柄によって止まります。内容の不備を確認するために止まることや、突然緊急の用件が発生して止まることもあります。発生してしまったことはしかたがないのでそのままにして仕事を進め、誰も仕事が止まっていることを問題として扱わないのです。

　このような些細な停止が実は大きな問題の発端になることが往々にしてあります。仕事の停止を見えるようにすることで小さな問題を目に見えるようにし、大きな問題の発生を未然に防いでいくことができます。

　作業の停止を見えるようにするためには、タスク管理ボードに**「停止」欄**を設けます。

　仕事に着手する時にはタスク管理ボードの「未着手」欄からタスクカードを取ります。そして、タスクの処理中に問題が発生して停止した時にはタスクカードを「停止」欄に移し、問題が発生したことを明示するのです。問題が解決できれば「停止」欄からタスクカードを取り、処理を再開します。

▶「停止欄付タスク管理ボード」の活用例

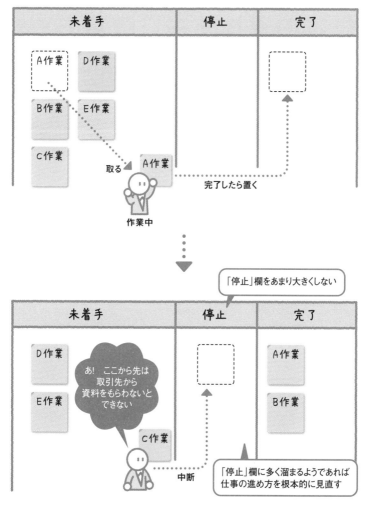

仕事の進捗が一目瞭然の
すごいツール「エビボード」

"スピード"の「見える化」

　問題点をいち早く発見し、その流れから起こりそうなことを予測できれば、予防管理ができます。そのために、仕事のスピードの「見える化」が必要です。

　仕事のスピードの「見える化」のしかけは **「エビボード」** です。

　まず、タスクカードで、作業時間をあらかじめ定義し、1時間にどのくらいのタスクカードをこなすべきか決めます。そこから、1日にこなせるタスクカードの枚数を割り出し、それに応じてボードの目盛の幅を変えます。この目盛りがエビの背中の模様のようなので「エビボード」と呼んでいます。

　このボードに完了したタスクカードを貼っていきます。タスクカードの単位時間あたりの完了数をリアルタイムで見える化することで、異常を検知できるようになります。

　チームで、2時間ごとに作業の遅れ、進みを確認し合い、対策を打ち合わせるミーティングを行うなど、進捗管理と遅延防止を行いましょう。

▶「エビボード」で仕事のスピードを確認する

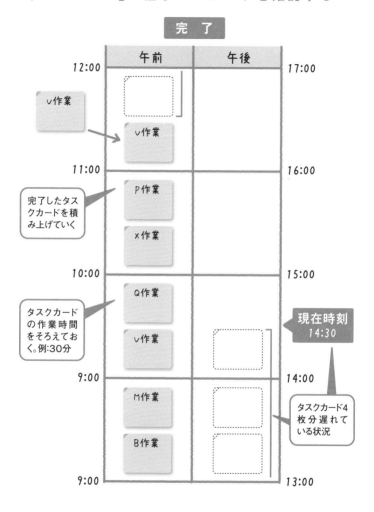

完了

| 午前 | 午後 |

12:00 — 17:00

∨作業

∨作業

完了したタスクカードを積み上げていく

11:00 — 16:00

P作業

x作業

タスクカードの作業時間をそろえておく。例:30分

10:00 — 15:00

Q作業

∨作業

現在時刻 14:30

9:00 — 14:00

M作業

タスクカード4枚分遅れている状況

B作業

9:00 — 13:00

完了目標や完了の目安のラインは色や線の種類を変えて視覚的にわかるようにします

55

職場の現状認識に役立ち課題解決を探るツール

"重要・緊急"の「見える化」

　職場では、「重要度が高く緊急度も高い仕事」に追われて、本業に手が回っていない場合があります。職場の現状を認識し、問題を発見し、課題解決をはかるために、仕事の重要度・緊急度を「見える化」することが必要です。

　仕事の重要度・緊急度を「見える化」するツールは、「**重緊マップ**」です。

　縦軸に重要度、横軸に緊急度を取り、4つに区切ります（これを4象限ともいいます）。仕事をカード化し、組織で決めた判断基準に従って4象限に配置し、組織としての仕事の重要度・緊急度を明確にします。

　分布は「重要度が高く緊急度は低い仕事」が多いのが理想です。「重要度が高く緊急度も高い仕事」が多いと、仕事が後手に回っていて管理できてません。「重要度は低く緊急度が高い仕事」が多いと、標準化しシステム化するなどの改善ができていないということです。「重要度が低く緊急度も低い仕事」はやらなくてもよい仕事が計画されていると言えます。仕事の分布を明らかにして、真に行うべき仕事、やめるべき仕事、やめる方向性を決めて行動することが重要です。

▶「重緊マップ」で職場の現状と問題を確認する

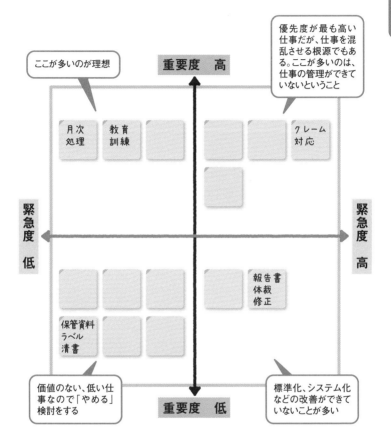

優先度が最も高い仕事だが、仕事を混乱させる根源でもある。ここが多いのは、仕事の管理ができていないということ

ここが多いのが理想

重要度　高

月次処理　教育訓練　　　　　クレーム対応

緊急度　低　　　　　　　　　　　　**緊急度　高**

報告書体裁修正

保管資料ラベル清書

価値のない、低い仕事なので「やめる」検討をする

標準化、システム化などの改善ができていないことが多い

重要度　低

仕事の分布を視覚的にとらえるために、4象限は同じ大きさで作成します。また、タスクカードは、他のタスク管理ボードで併用できるようにしておきましょう

すべてのタスクを優先度で見渡せる仕組みをつくる

"優先度"の「見える化」

　職場の仕事には優先度があります。しかし、実際には優先度が担当者個人に任せきりになっていることが往々にしてあります。そのため職場としては優先度の低い仕事が優先度の高い仕事よりも先に行われ、優先度の高い仕事が遅れてしまったりします。

　職場全体の仕事の優先度を見えるようにするためには、職場のすべてのタスクカードが**一見して見渡せるようなタスク管理ボード**をつくります。

　職場で仕事が発生しタスクカードを発行したら、すべて一箇所の処理待ちタスク置き場に優先度順に貼ります。そして、仕事をする時にはその順番でタスクカードを取るようにしていくのです。こうすることで、職場全体としての優先度によって仕事を行うことができるようになります。

　また、何か突発的な事象が発生し、仕事の優先度が変わった場合でも、貼り出されているカードの順番を入れ替えることによって簡単に対応できます。

▶ 優先度型のタスク管理ボードを活用する

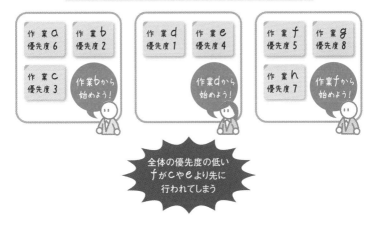

担当者に任せきりにすると…

作業a 優先度6　作業b 優先度2

作業c 優先度3　作業bから始めよう!

作業d 優先度1　作業e 優先度4

作業dから始めよう!

作業f 優先度5　作業g 優先度8

作業h 優先度7　作業fから始めよう!

全体の優先度の低い f が c や e より先に行われてしまう

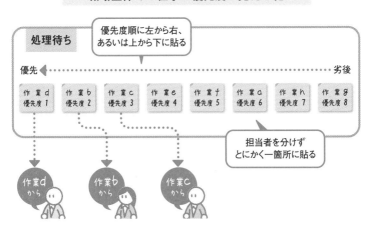

職場全体での仕事の優先度の見える化

処理待ち

優先度順に左から右、あるいは上から下に貼る

優先 ◀··▶ 劣後

作業d 優先度1　作業b 優先度2　作業c 優先度3　作業e 優先度4　作業f 優先度5　作業a 優先度6　作業h 優先度7　作業g 優先度8

担当者を分けずとにかく一箇所に貼る

作業dから　作業bから　作業cから

59

急な「飛び込み仕事」でも円滑に回す方法

"飛び込み作業"の「見える化」

　日々仕事を行っていると、予想していなかった作業が飛び込んできて職場を混乱させます。飛び込んできた作業が誰からもわかるようにし、優先的に作業が行われていくようにしていく必要があります。

　飛び込み作業を見えるようにするには**「飛び込みタスクカード」**を使用します。

　飛び込みタスクカードは、通常のタスクカードと色や書式などを変えて一見してわかるものにします。飛び込み作業が発生したらまず飛び込みタスクカードを発行します。

　その場ですぐに飛び込み作業をはじめなければならない場合は、現在実施中の作業のタスクカードを保留欄などへ移して、作業中の欄に飛び込みタスクカードを貼り、飛び込み作業中であることを示します。

　発生した飛び込み作業の開始を少しは待つことができる場合は、飛び込みタスクカードを作業待ち欄に貼り、作業中のタスクを終了した人が他の作業より優先してこのカードを取ります。

▶「飛び込みタスクカード」の活用例

至急
×について
まとめて！

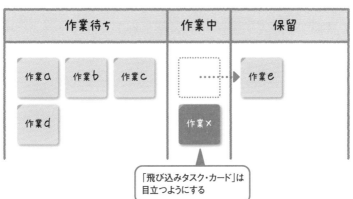

「飛び込みタスク・カード」は
目立つようにする

業務は「一列待ち」にして
前から順にこなすべし

"待ち方"の「見える化」

　担当者ごとに仕事を割り振って個人で管理するようにしてしまうと、担当者の処理能力などによって早く処理される仕事と、ずっと待たされている仕事が出てきます。また、処理能力の問題だけではなく、問題が発生した場合などにも待ち時間に影響が出ます。

　仕事の待ち方を見えるようにすることで発生順あるいは優先度順に仕事が流れていくようにし、仕事の待ち時間を短くする必要があります。

　仕事の待ち時間を短くするためには、仕事を **「一列待ち」** に示します。

　発生した仕事を担当者に割り振るのではなく、全体あるいは業務別で一列に並べていきます。並べる順番は納期や優先度、発生時などの順番で並べていきます。そして、作業者は必ずその先頭から仕事を行っていきます。また、業務間の優先度付けなどを行い、取る順番も明確にしておきます。

　業務別の場合の優先度付けは固定的に決めるのではなく、業務量に合わせてフレキシブルに変えられるようにします。

▶「一列待ちのタスク管理ボード」の活用例

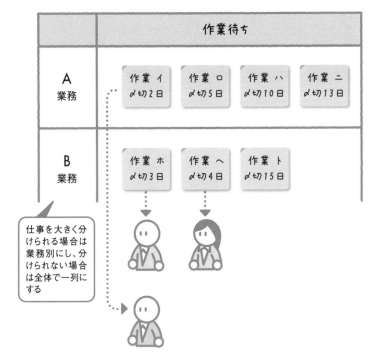

	作業待ち			
A 業務	作業 イ 〆切2日	作業 ロ 〆切5日	作業 ハ 〆切10日	作業 ニ 〆切13日
B 業務	作業 ホ 〆切3日	作業 ヘ 〆切4日	作業 ト 〆切15日	

仕事を大きく分けられる場合は業務別にし、分けられない場合は全体で一列にする

運営ルール

・カードは〆切順に左から並べる
・左から順に実施する

並べるルール、並べ直すルールをしっかりと決めておく

63

シングルタスクで
効率と管理力を高める

"シングルタスク"の
「見える化」

　複数の仕事を同時進行で進めるスタイルをマルチタスクと言います。

　各タスクが少しずつ進んでいくので気が楽になったり、同じ作業をまとめて行うことで効率的に進んでいるように感じたりします。しかし、タスクの切り替え時のスイッチングロスで生産性が落ちたり、品質トラブルを起こしたりして問題の多いスタイルです。

　トラブルが発生すると抱えているタスクがすべて停止して、ひとつのトラブルが全体に影響してしまいます。未着手であれば他者が応援できますが、中途半端に着手しているタスクは、誰も手伝うことができず、トラブルへの対応の障害となります。

　このようなマルチタスクのタスク管理をシングルタスクにしましょう。

　作業は、1回にひとつだけとして、処理中の作業が完了するまで次の作業に着手しないようにするのがシングルタスクのスタイルです。

　シングルタスクの作業では、スィッチングロスもなくなり、切り替え時の品質トラブルもありません。処理中の作業はひとつだけなので、トラブル時や作業遅延時の他者の応援も受けやすく、チーム全体としての協力体制が取りやすくなります。

　タスク管理では、管理ボードに**「処理中」**欄を作ります。「処理中」欄とは、処理待ちから取り出し作業に着手したタスク・カードを貼っておく欄です。よって、処理待ちと完了の間に作られます。作業に着手したカードを1枚しか貼れないようにすることで、シングルタスクでの処理を徹底することができます。

▶ **シングルタスクのタスク管理**

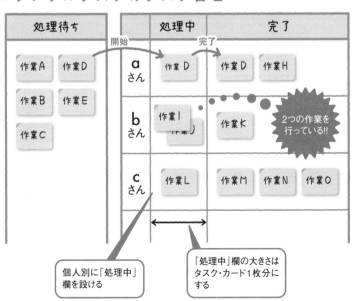

応援・受援で助け合う 仕組みをつくる

"応援仕事"の「見える化」

　作業をスムーズにもれなく進めていくために、業務に担当を割り当てることは必要なことです。しかし、その割り当てが硬直化して自分に割り当てられた仕事だけをこなすようになると、割り当てられた仕事によって「当たり」「はずれ」などの意識が生まれ、面倒な仕事を避けたり押し付けたりと職場全体の雰囲気が悪くなっていきます。このような状況にならないためには割り当てられた仕事が忙しくなったときに助けてもらい、手が空いたときに助けるという応受援のしくみをつくることが大切です。

　応受援状況を見えるようにするにはタスク管理を**「応受援型」**にします。横軸を作業者名とし縦軸を業務として仕切ったボードです。作業者は、作業が終わったタスクカードを自分の名前とカードの業務のクロスした場所に貼っていきます。主に自分の担当する業務の列に貼られていくはずですが、応援をした場合には他者の担当の列に貼られていくわけです。逆に自分の担当業務の列の他者の行にカードが貼られていれば受援してもらえたことがわかります。こうすることで

お互いを助け合う協業関係が生まれます。

▶「応受援型タスク管理ボード」の活用イメージ

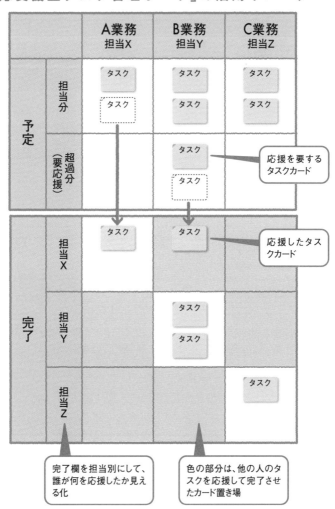

		A業務 担当X	B業務 担当Y	C業務 担当Z
予定	担当分	タスク タスク	タスク タスク	タスク タスク
予定	超過分 （要応援）		タスク タスク	
完了	担当X	タスク	タスク	
完了	担当Y		タスク タスク	
完了	担当Z			タスク

応援を要する
タスクカード

応援したタス
クカード

完了欄を担当別にして、
誰が何を応援したか見え
る化

色の部分は、他の人のタ
スクを応援して完了させ
たカード置き場

問題点のやり直しは
マーカーで明確に

"やり直し"の「見える化」

　仕事はどれだけしっかりやったつもりでも誤解や見落とし、指示間違いなどいろいろな要因でやり直しが発生します。これらが繰り返されていくことによって、いつか大きな事故につながってしまいます。

　日々発生するやり直しを捉えるためにはタスクカードに**「やり直しマーカー」**を付けるようにします。

　作業が終了したタスクカードが完了置き場に置かれると、そのアウトプットを使用する次のタスク（作業工程や検査工程）がはじまります。そして、その中でアウトプットに問題があることが見つけられた場合、その場でそのタスクは中断し、前のタスクのやり直しを指示します。その際に、新しいタスクカードを起こすのではなく、完了置き場に置かれたタスクカードに「やり直しマーカー」を付けて戻します。「やり直しマーカー」の付いたタスクカードを戻された作業者は、どのような問題が発生したか、なぜその問題が発生したのかを**「課題シート」**に書き込み改善を行います。

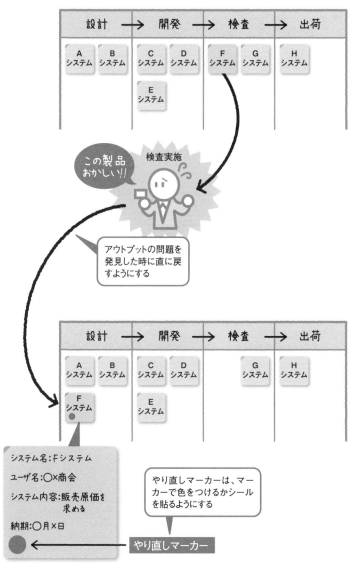

「仲間仕事」を
まとめて効率アップ

"仲間仕事"の「見える化」

通常、仕事をしている中では似た仕事は集約して効率を上げていこうという意見は出てきますが、そのままでは集約できる仕事はあまり多くはありません。しかし、仕事を大きな塊としてではなく、仕事を細かく分けた作業レベルのタスクに切り分けていくと、職場のいたるところに同様の作業が転がっています。

このような仲間の作業を明示的に集めるものが**「グループボード」**です。グループボードは、似通ったタスクを集めて区分し、可能であれば集約、統合して一緒に行うようにするためのものです。

まず、職場の仕事をタスクに切り分けて貼り出します。そして、似通ったタスクを集めてグループをつくり、それぞれどこが異なっているのか、どうすれば一緒に行うことができるのか考えていくのです。必要であればタスクをさらに分解して一緒にできる作業を探していきます。あまり細かいタスクに分けてしまうと集約・統合しても管理の手間だけが増えて効率が逆に落ちることがあるので注意が必要です。

▶「グループボード」の活用イメージ

STEP① タスクを書いて貼り出す

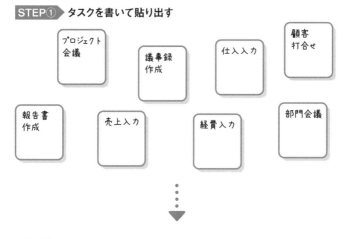

STEP② 似たタスクをグループ化

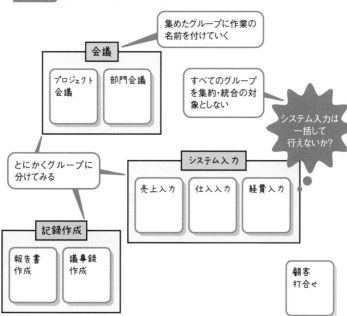

仕事の混雑具合を
スッキリ解決

"仕事密度"の「見える化」

　月次処理などのイベント型業務の多い職場では、数日先にはすごく忙しくなるのは予想がつくにもかかわらず、暇な状態となっていることがあります。

　日々の仕事量の程度（仕事密度）を「見える化」して、密度の低い（比較的暇な）ときに、密度の多いときの仕事をずらすことが必要です。

　まず、毎月行うイベント業務（例えば請求処理など）をタスクカードに書き出します。そのイベントに向けて準備していく事項もプロセスごとにタスクカードに書き出し、1カ月の日付カレンダー型のタスク管理ボードへ実施日に合わせて貼り付けていきます。カードが集中している日は、それを空いているところに前倒しするための課題を検討し、課題解決のためのタスクカードも作成して作業予定に入れます。課題解決のタスクカードとともに集中しているカードを前倒ししていきます。全体の仕事量が同程度となるようにこれを繰り返します。

▶「カレンダー型の月間タスク管理ボード」の活用例

タスク管理 プロセス — 仕事設計 — チーム管理 — 改善 — 人と組織 — 仕事環境 —

STEP① タスクを書いて貼り出す

月	火	水	木	金	土	日
		1	2	3	4	5
6	7	8	9	10	11	12

前倒し

暇な時期　　忙しい時期

STEP② 暇な時期にタスクを移動

月	火	水	木	金	土	日
		1	2	3	4	5
6	7	8	9	10	11	12

前倒ししたタスク

必要に応じて、前倒しするための「課題を解決するカード」も作成し、貼り付ける

73

責任感を高め、互いが協力する体制をつくる

"プロセスの責任範囲"の「見える化」

　チームで仕事をする場合、お互いの責任範囲を明確にするために、顧客や製品単位で、担当を割り当てることがよくあります。割り当てられた範囲の仕事は、各担当が責任をもってすべて行い、互いに関わらないスタイルです。

　しかし、チームとして、互いに協業しながら業務を遂行する組織力を発揮させるには、互いが関係性を持ち、協力できる関係となる**プロセス別**の割り当てにするとよいでしょう。

　顧客や製品・サービスとプロセスの区分を示したマトリックス型のタスク管理ボードを作成し、プロセス別に担当を割り当てます。割り当てた担当プロセスの境界に接する部分は応受援枠とします。スキルや経験上、応受援できないところは、応受援対象から外します。

　貼り付けられたタスクカードはその枠の担当者が処理していきます。進捗遅れやトラブルが発生したときは、前後のプロセス担当者が応受援枠のタスクカードの作業の応援をします。

タスク管理

プロセス

仕事設計

チーム管理

改善

人と組織

仕事環境

▶ サービス×プロセスのタスク管理ボードの活用例
（製品説明会を実施する場合）

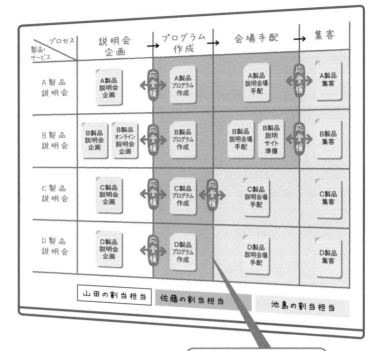

スキルや経験上、応受援できない
ところは、応受援対象から外す

製品別・サービス別の役割分担を、思い切ってプロセス別にす
ることが重要です

仕事の進捗や完成度をより正確に把握する

"進捗"の「見える化」

　進捗管理というと計画に対する完了率だけを指標とし、計画に対する遅れ・進みを見ていないことがあります。しかし実際には、作業が変更されたり、追加されるため、完了率だけでは進捗を正確に把握・管理できません。進捗遅れは、計画外の作業が原因であることが圧倒的に多いのです。

　進捗管理の精度を高め、慢性的遅れを軽減する手法が**完成度基準による進捗管理**です。

　完成度基準の進捗管理は、仕事が目的に対してどの程度完成したかという基準で評価し、管理します。当初の計画にない計画外タスクをその都度、洗い出し、計画外タスクも含めて必要な残り作業を見ながら進捗管理します。

　完成度の精度を高めるためには、計画外タスクが発生したとき、それが他のプロセスにも該当しないか確認してください。問題や変更の横展開をすることで、計画外タスクをより早い段階で洗い出せます。

　完成度基準の進捗管理をするためには、仕事の着手前に、完成度基準を準備しましょう。

タスク管理

プロセス

仕事設計

チーム管理

改善

人と組織

仕事環境

仕事のアウトプットごとに完成度の評価項目を決めます。評価項目は、仕事の目的の達成度を測ることができるものとします。25％間隔で完成度を判断する基準を明確にします。

▶ 完成度を「見える化」したタスク管理ボード

区分	予定			実施中			完了
	計画	計画外	完成度 25%	完成度 50%	完成度 75%		完成度 100%
顧客 A		計画外 計画外	計画外				
顧客 B		計画外		計画外			

完成度は、問題の発生状況によって、途中で下がることもある

完成度基準表

作業内容	アウトプット	完成度評価項目		完成度評価基準
顧客からの引き合い案件の提案書作成	提案書	提案付加価値反映率	25%	提案項目のリストアップ
			50%	提案懸案事項の明確化と対応案作成
			75%	提案の競争優位性づくり
			100%	提案の見やすさ・わかりやすさのつくりこみ
顧客からの引き合い案件の仕様設計	仕様書	顧客要求の反映率	25%	顧客の基本要求の反映
			50%	顧客独自要求の反映
			75%	イレギュラー対応・リスク要求の反映
			100%	仕様としての要求の構成と整合性の確保

終わらせるという発想ではなく、完成させるという発想で自分たちの作業をとらえることが大切です。完成させるために、何が必要なのか、何がまだできていないのか探求することで、終わりがはっきりと見えてくるようになります

WBSを活用して作業のモレとムダを排除

"やるべきこと"の「見える化」

　仕事の計画は、やるべき作業＝タスクをリストアップすることからはじまります。過不足のあるリストアップは、実行段階において計画外の作業を多発させて混乱を招きます。

　やるべき作業をもれなく、ムダな作業を排除してリストアップする手法に「WBS」があります。**WBSとはWork Breakdown Structureの略で、日本語では作業展開計画**といい、作業を体系的に洗い出す手法です。

　WBSでは、各作業のつながりを明確にしながら、作業タスクを洗い出していきます。その際、仕事の下流から上流へさかのぼる「アップストリーム法」で行います。

　ひとつの作業のアウトプットは、次の作業のインプットとなり、作業は連鎖して最終アウトプットを生み出して完了します。下流からさかのぼることで、先に「後作業」を定義し、後作業に必要なアウトプットを生み出す「前作業」は何か、というふうにやるべき作業をリストアップするのです。必要性を意識し作業を洗い出すことで、ムダなくやるべき作業を洗い出せます。

作業展開計画（WBS）シートは、後作業から考えるように上位が後作業になる構造で、アップストリーム型で作業を計画するのに適したシートです。

▶「作業展開計画（WBS）シート」の活用例

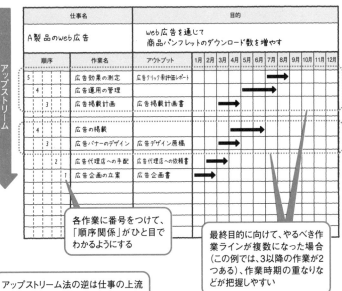

仕事名				目的												
A製品のweb広告				web広告を通じて 商品パンフレットのダウンロード数を増やす												

アップストリーム

順序	作業名	アウトプット	1月	2月	3月	4月	5月	6月	7月	8月	9月	10月	11月	12月
5	広告効果の測定	広告クリック率評価レポート							→					
4	広告運用の管理							→						
3	広告掲載計画	広告掲載計画書				→								
4	広告の掲載							→						
3	広告バナーのデザイン	広告デザイン原稿				→								
2	広告代理店への手配	広告代理店への依頼書			→									
1	広告企画の立案	広告企画書			→									

各作業に番号をつけて、「順序関係」がひと目でわかるようにする

最終目的に向けて、やるべき作業ラインが複数になった場合（この例では、3以降の作業が2つある）、作業時期の重なりなどが把握しやすい

アップストリーム法の逆は仕事の上流から下流に洗い出す「ダウンストリーム法」。自分の知識・経験から思いつく作業を列挙することになり、知識が足りない仕事や未経験の仕事では、必要な作業を挙げられなかったり、不要な作業を追加してしまうことがある

慣れないうちは、無理にアップストリームで洗い出さず、思いつくまま列挙した作業を、あとからアップストリームで並べ直して整理する方法でやってみましょう。
洗い出す中で、前作業が思いつかないことは正常です。思いつかない作業について調査したり、研究することが計画精度を高めます

仕事の遅れと進みが一目瞭然になる！

"プロセスの遅れ進み"の「見える化」

　仕事には必ず納期があります。納期は常に意識され、遅れ、進みが管理されています。しかし、仕事の各プロセスの納期が意識されますが、遅れや進みが管理されていることはあまりありません。そのため、どのプロセスが遅れ、どのプロセスが進んだのかがわからなくなり、効果的に対策をとることができなくなっています。

　プロセスの遅れ、進みを見えるようにするためには、**「納期管理型タスク管理ボード」**を使用します。

　タスク管理ボードの横軸を日付とします。タスクの納期を明確にし、その納期の日付にタスクカードを貼っていきます。また、日付に当日を示すポインタなどを置き、毎朝移動させるようにします。タスクカードは作業が終了したら完了欄に移動させます。朝会などでポインタを移動させた時に、昨日以前の欄にタスクカードが残っていればプロセスが遅れており、ポインタよりも先のタスクカードを完了欄に移動させていれば、プロセスが進んでいることが見えます。

タスク管理

プロセス

仕事設計

チーム管理

改善

人と組織

仕事環境

▶「納期管理型タスク管理ボード」の活用例

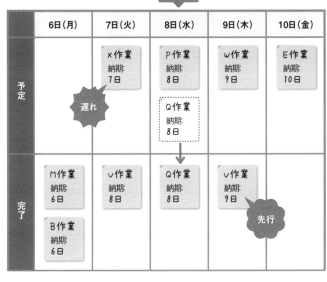

本日

	6日(月)	7日(火)	8日(水)	9日(木)	10日(金)
予定		X作業 納期: 7日 / 遅れ	P作業 納期: 8日 / Q作業 納期: 8日	W作業 納期: 9日	E作業 納期: 10日
完了	M作業 納期: 6日 / B作業 納期: 6日	V作業 納期: 8日	Q作業 納期: 8日	U作業 納期: 9日 / 先行	

リーダー　効率化　相互理解

属人化した業務を標準化し組織全体をレベルアップ

"属人化プロセス"の「見える化」

　オフィスワークでは仕事が**属人化**していることが多々あります。仕事を標準化し共有するためには、属人化プロセスを明らかにすることが必要です。

　属人化プロセスは、「**プロセスマップ**」や「**フロー図**」などで明確にします。「プロセスマップ」とは、現在の業務を、１カード１プロセスを基本単位として付箋紙などに記入し、それを順番に並べた動的手順書で、標準化・計画ツールのひとつです。属人化させている人がつくった「プロセスマップ」や「フロー図」について、仕事を引き継ぐ人がわからないところを質問したり、実際に作業を行う中であいまいな点や抜け・漏れ・実際に発生したトラブルからの盛り込みなどをしながら補っていきます。

　「プロセスマップ」や「フロー図」を属人化させてしまっている人がすべて作成すると、標準化や共有はできません。属人化させてしまっている人が作成できるのは、自分にしかわからない手順書だからです。まずは、それを吐き出させ、次にその仕事について知らない人が質問することで、その仕事のノウハウを本当に引き出すことができます。

▶ プロセスマップの例（Web広告業務の場合）

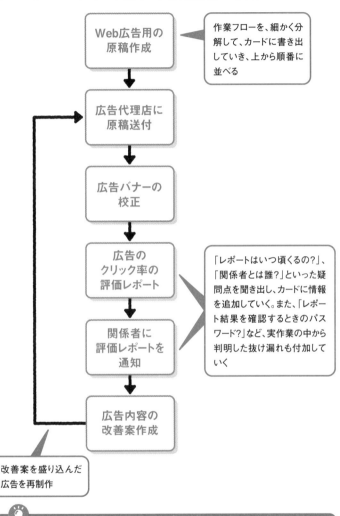

Web広告用の
原稿作成

作業フローを、細かく分解して、カードに書き出していき、上から順番に並べる

広告代理店に
原稿送付

広告バナーの
校正

広告の
クリック率の
評価レポート

「レポートはいつ頃くるの?」、「関係者とは誰?」といった疑問点を聞き出し、カードに情報を追加していく。また、「レポート結果を確認するときのパスワード?」など、実作業の中から判明した抜け漏れも付加していく

関係者に
評価レポートを
通知

広告内容の
改善案作成

改善案を盛り込んだ
広告を再制作

実際に作業をしてみて、わからないこと、戸惑うところを質問することで、属人化している情報を引き出すことができます。また、各作業が上手くいかない状況を想定して、その時の対処方法を質問することでも情報を引き出すことができます

作業時間のバラつきを安定化させる工夫

"変動プロセス"の「見える化」

　日々の仕事は様々な理由から品質や進捗がバラツキます。仕事を安定させるためには、何が原因でバラツキが起きているのか、プロセスごとにバラツキ原因の「見える化」が必要になります。

　品質や進捗のバラツキは、多くの場合、作業時間の変動として表れます。作業時間の変動がわかるよう、完了したタスクカードを、予定時間と実時間の差で貼り分けるシートを用意します。

　作業時間の変動に違いが出る条件を想定し、その条件を**層別区分**とします。完了した作業カードを層別区分で分けて、作業時間の予実差でずらして貼ります。層別区分の違いによって、作業時間のバラツキや偏りが一目でわかるようになるので、そこから、バラツキ原因を分析していきます。

　バラツキや偏りに差がない場合は、別の変動の違いが出る条件を考えてみて、層別区分を設定し、再度、貼り分けてみましょう。

　時間が全体的に広がってバラついているときは、層別区分が変動の違いを出す条件となっていない可能性があります。

タスク管理

プロセス

仕事設計

チーム管理

改善

人と組織

仕事環境

別の条件を考えてみましょう。

　両側に分かれている場合は、層別区分の条件が時間を左右している可能性が高いと言えます。どのような条件で時間の差が発生するのか、それぞれのタスクカードの作業内容を分析しましょう。

▶ 時間のバラつきを「属別区分」で確認する

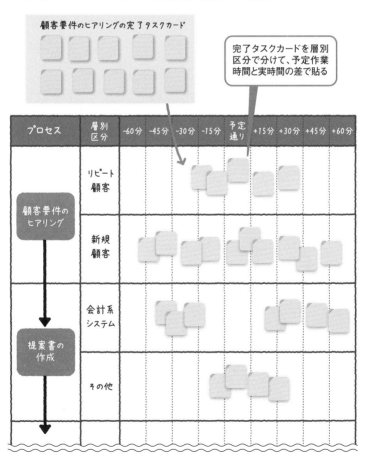

顧客要件のヒアリングの完了タスクカード

完了タスクカードを層別区分で分けて、予定作業時間と実時間の差で貼る

プロセス	層別区分	-60分	-45分	-30分	-15分	予定通り	+15分	+30分	+45分	+60分
顧客要件のヒアリング	リピート顧客				■	■				
	新規顧客	■	■	■	■		■	■	■	
提案書の作成	会計系システム		■	■			■	■	■	
	その他				■	■	■			

異常シグナルをすばやく共有してトラブル回避

"異常プロセス"の「見える化」

　仕事が完了してからその仕事を反省しても、その仕事の結果は変わりません。仕事でよい結果を出すためには、いまやっている仕事がこのままで良い結果を生むのかの見通しや問題を明らかにして、手を打っていくことが大切です。

　仕事がうまくいかない時は、必ず何らかのシグナルが出ています。この何らかのシグナル＝**異常**を「見える化」し、予防処置できるようにすることが必要です。

　この異常は、**仕事の中断・保留**という形で表れることが多くあります。

　計画通り仕事を進めようとしても、仕事のインプット情報が変わった、間違っていたなどで正しい情報が来るまで待つといったことはよくあります。

　仕事を担当している個人の中で埋没してしまいがちなこの中断・保留している作業を見えるようにするためには、タスクカードによって作業管理をする**タスク管理**を導入し、中断・保留となっているタスクカード置き場を設けて貼るようにします。

▶ タスク管理ボードで「中断・保留」を見える化した例

中断・保留では、原因の
多いもので区分する

プロセス別 着手	中断・保留				完了
	変更中断	修正待ち	異常中断	1週間経過	
顧客 要件定義					
システム 要件定義					
ハード設計					

中断・保留期間が1週間以上の
長いものは、別の枠にずらして、
何らかのアクションが必要なこと
がひと目でわかるようにする。
ボード自体も、色などを変えて目
立たせる

この例では、「修正待ち」
による中断・保留が多いこ
とがわかる。その原因究
明と対策が必要

「中断・保留」は、原因別に見える化することで、原因別の対策
ができるようになります

クリティカル・プロセスをあぶりだし業務を高速化

"クリティカル・プロセス"の「見える化」

仕事のプロセスには平行して実施できるものと、前後して実施しなければならないものがあります。後者が多ければ多いほど、その仕事全体のプロセス階層は大きくなり、リードタイム（仕事をする時間の総和）は長くなっていきます。

その処理が終わるまで他のプロセスを待たせてしまうプロセスを**クリティカル・プロセス**といいます。これを「見える化」する必要があります。

仕事のプロセス一つひとつをカード化して、処理する順番に並べていきます。処理に順番があるものは前後のプロセスとして直列に並べ、同時に処理ができるものは並列に並べて、処理の順番にカードを矢印でつなぎます。

矢印は、各プロセス処理時間に比例した長さにします。

処理が終わっても平行している他のプロセスが終わるまで着手できないプロセスは、手待ち時間分だけ矢印を点線にします。

手待ちがなく、すべて実線で結ばれる一連のプロセスがクリティカル・プロセスとなります。クリティカル・プロセス

は"前後実施"と"平行実施"に分解し、平行実施を独立させ平行プロセスとして処理することで、他プロセスの待ち時間を減らします。

▶ クリティカル・プロセスを見える化した例
（説明会実施業務の場合）

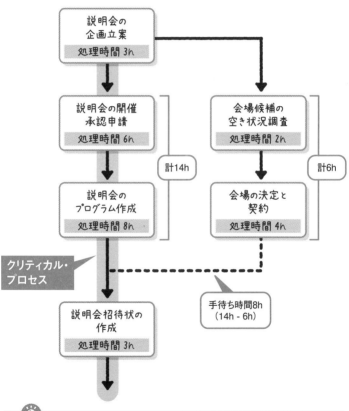

説明会の
企画立案

処理時間 3h

説明会の開催
承認申請

処理時間 6h

会場候補の
空き状況調査

処理時間 2h

計14h

計6h

説明会の
プログラム作成

処理時間 8h

会場の決定と
契約

処理時間 4h

クリティカル・
プロセス

手待ち時間8h
（14h - 6h）

説明会招待状の
作成

処理時間 3h

作業を大きい単位のまま作成するとすべてがクリティカルプロセスになってしまうので、可能な限り、作業単位を小さくして作成しましょう

業務の優先順の
可視化で品質が高まる

"プロセス順"の「見える化」

　仕事はいくつかのプロセスから成り立ち、それらを行う順番があります。この順番を定義できないということは、仕事の段取りや優先付けができていないということです。仕事の段取りや優先付けを行わず思いついた順にプロセスを実施していくと、途中で行き詰まったり、修正や手戻りが発生したりします。プロセス順を明確にすることで、生産性や品質の劣化を防止できます。

　プロセス順の「見える化」をするためには**「プロセスマップ」**を使用します。まず、必要なプロセスを洗い出し見えるようにします。そして、順番を考え並べていきます。プロセスごとの必要なモノ（インプット）と成果（アウトプット）のつながりを意識して並べます。
　並べる時には同時に行えるプロセスを見つけてできるだけ平行して行うようにしていきます。リードタイムの短縮だけでなく、問題発生時の応受援がスムーズに行えるようになります。

タスク管理

プロセス

仕事設計

チーム管理

改善

人と組織

仕事環境

▶ プロセスマップ作成の例（セミナー企画の場合）

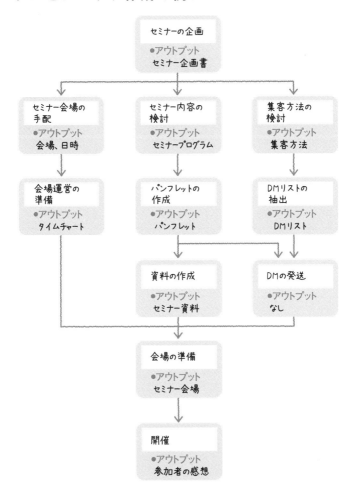

セミナーの企画
● アウトプット
セミナー企画書

セミナー会場の
手配
● アウトプット
会場、日時

セミナー内容の
検討
● アウトプット
セミナープログラム

集客方法の
検討
● アウトプット
集客方法

会場運営の
準備
● アウトプット
タイムチャート

パンフレットの
作成
● アウトプット
パンフレット

DMリストの
抽出
● アウトプット
DMリスト

資料の作成
● アウトプット
セミナー資料

DMの発送
● アウトプット
なし

会場の準備
● アウトプット
セミナー会場

開催
● アウトプット
参加者の感想

前後関係にしなければならないプロセスは少なくするようにしましょう。平行して作業が進められるプロセスを増やすためにプロセスの分割は積極的に行います

成果物をスムーズに 相手に届けるコツ

"行き先"の「見える化」

　各プロセスの成果物は続くプロセスのインプットになるものです。作業が終わったら次のプロセスに渡さなければなりません。しかし、作業者自身が次のプロセスが誰なのか、どのチームへ渡せばよいのかを認識していない場合があります。その結果、停滞や紛失などが発生してしまいます。

　行き先の「見える化」は、**帳票**など規定の書式のある仕事であればその書式に次のプロセスが何で、誰が行うのかをわかるように明記しておきます。帳票など定型の書式のない仕事などであれば、プロセスの順番を明確にしたうえで、**受付箱**などを用意し、前のプロセスが終わったらそこに入れればよいことを誰にでもわかるようにしておきます。受付箱を設けて、プロセスが終わった人が次のプロセスの受付箱に入れるようにすることで、仕事がスムーズに進むようになります。

　成果物が宙に浮かないようにすることが大切です。常に誰かの管理下にあるようにしておきます。

タスク管理

プロセス

仕事設計

チーム管理

改善

人と組織

仕事環境

▶ 行先付帳票の例（注文票の場合）

注 文 票

注文者名：ＡＢＣ株式会社　　　　　　　受付者：●● ●●
注文日　：202X年　○月　○日
注文内容：

品名	数量
010012: x−105	5
020001: zx01A	10

■処理順

一見してわかりやすく間違いの起こらないように表示します

追加された仕事は
チーム全体で情報共有

"追加プロセス"の「見える化」

　オフィスワークの仕事では、顧客や関係部門からの要望、改善活動などによって新たなプロセスが追加されることはよくあります。日々の仕事の中で追加プロセス情報が実際の処理担当者に負担なくスムーズに伝わるようにするために、**追加プロセスの「見える化」**が必要です。

　プロセスの追加情報が入った時に情報入手者が追加プロセスの作業カードを作成し、職場の全員が見る掲示板などに掲示します。または、担当者のパソコンに貼っておきます。

　追加プロセスが将来にわたって標準化されて徹底されるようにするには、仕事の一連のプロセスをカード化して処理の順番にシートに並べて貼っておく、「プロセスマップ」を用意します。業務処理時はこのプロセスマップから順番にカードを取り出して、仕事の指示と管理をします。

　追加プロセスの作業カードをこのプロセスマップに貼っていき、業務処理をしていけば、追加プロセスは毎回確実に処理されるようになります。

▶ 追加プロセスを「見える化」した例

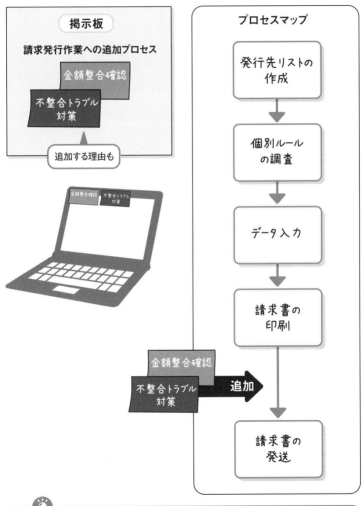

追加プロセスの作業カードは、目立つ色にして、新たなタスクであることがひと目でわかるようにします。追加理由は、付箋紙で、カードに付けておき、追加理由を周知します。周知徹底した後は、不要な情報ですので、剥がします

「飛ばされた業務」には ムダもあるという視点を持て

"飛び越しプロセス"の 「見える化」

　仕事は、プロセス順に処理していくことで完了しますが、途中何らかの理由によって、一部のプロセスが飛ばされることもあります。

　当然、飛ばされたプロセスの作業が抜けることで、仕事の品質に問題が出たり、追加修正作業が発生したりします。

　プロセスが飛ばされたことを見える化して、その**原因を究明、再発防止**をしなければなりません。影響の出ないように対処する必要もあります。

　すべてのプロセスをタスクカード化して実施順に並べた一覧ボードを作成し、作業の完了したプロセスのタスクカードを完了欄に移動させるようにします。これにより、ひと目で、飛ばされたタスクカード＝プロセスがわかります。飛び越しプロセスが発生した瞬間を捕まえ、なぜ飛び越しが発生してしまったか原因を探り再発防止をはかりましょう。

　プロセスの実施を妨げる事柄があったのであれば阻害要因を排除します。

　飛ばしても影響がないタスクは、必要のないプロセスで

タスク管理

プロセス

仕事設計

チーム管理

改善

人と組織

仕事環境

す。なぜ、最初に必要と思ってしまったのか、その原因を探り改善しましょう。仕事を取り巻く環境や方法は、刻々と変化していきます。プロセスの必要性や順番も変わっていきます。プロセスの計画段階の順番と実施順の差を見える化して、環境変化に対応した仕事ができるようにしましょう。

▶ 順序を明示したタスク管理ボードの活用例

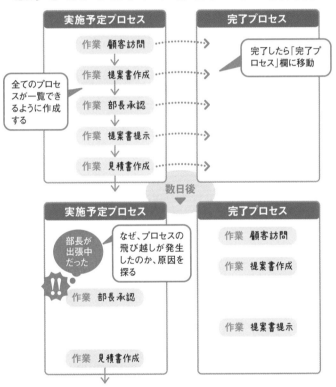

 各プロセスのタスクカードは、その作業が完了したら直ちに完了プロセス欄に移動させることを徹底しましょう。移動が遅れるとプロセス飛ばしに気づくのが遅れてしまいます

「知恵カード」を活用して 社内でひらめきを共有

"プロセス実行上の工夫"の 「見える化」

　人は、仕事の中で様々な工夫を行っています。しかしちょっとした工夫は日々の作業中に行われ、終わったあとは忘れ去られます。同じ人でも次回は工夫がなかったり、他の人の仕事に反映されなかったりと、仕事の品質にバラツキが発生しています。継続的に工夫を組織で共有し、仕事に反映できれば仕事の品質は飛躍的に高まります。

　工夫を共有するためには**「知恵カード」**でプロセス実行上の工夫を「見える化」します。「知恵カード」は小さめの付箋紙にそのプロセス実行における工夫や注意点などを記入したものです。プロセスマップの該当タスクカードに貼付して使用します。

「知恵カード」の情報は一元化していきます。プロセスマップを活用して仕事を管理することにより、「知恵カード」が担当者以外の目にも触れ、工夫を組織で共有することができます。担当者はそのプロセスの実行時に必ずカードを見ることになるので、毎回工夫が活かされ品質が保たれます。また、活きた知恵をタイムリーに共有していくことが、仕事の品質の継続的向上につながります。

▶「知恵カード」の活用例（Web広告業務の場合）

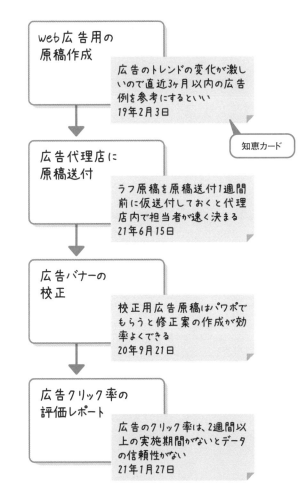

web広告用の
原稿作成

広告のトレンドの変化が激しいので直近3ヶ月以内の広告例を参考にするといい
19年2月3日

知恵カード

広告代理店に
原稿送付

ラフ原稿を原稿送付1週間前に仮送付しておくと代理店内で担当者が速く決まる
21年6月15日

広告バナーの
校正

校正用広告原稿はパワポでもらうと修正案の作成が効率よくできる
20年9月21日

広告クリック率の
評価レポート

広告のクリック率は、2週間以上の実施期間がないとデータの信頼性がない
21年1月27日

トラブルが発生したとき、迷ったときに、その場で忘れないうちに、知恵カードを作成するようにすると日々の知恵や工夫をもれなく見える化できます

外注作業の見える化で
不正や事故を防止する

"外部プロセス"の「見える化」

　業務の一部プロセスを外部に委託する時、納品（サービス提供）されるアウトプットが規定通りであれば、大抵はそれ以上委託先の業務の取り組み状況は確認しないようです。これでは外部プロセスの品質管理を十分に果たせないばかりか、遵法性にかかわる不正などを生み出す温床となってしまう可能性があります。そこで、**外部プロセスの実施状況とその異常を「見える化」**します。

　委託する外部プロセスのフローチャートを作成し、プロセスの概要とそこでの作成物と検査などの品質管理作業について整理したうえで、管理点（監視事項と監視のタイミング）を明確にし、委託先からの納品時（サービス提供時）に管理点における管理の記録（外部委託プロセス管理シート）を提出させます。

　管理点の管理の記録は○×の記録だけでなく、その管理点での正常状態を客観的に示すデータや現象を記録させることも大切です。実際の作業者に記録を書かせることでそのプロセスにおける自分の作業を振り返らせて、自ら異常に気づくことを促し、その場で解決させることが第一の目的です。

タスク管理

プロセス

仕事設計

チーム管理

改善

人と組織

仕事環境

▶ 外部委託プロセス管理シートの例
※外注先が使用するシート

外部委託プロセス管理シート
2020年×月○日

	承認	確認	作成

対象サービス/プロセス	対象システム
Web広告の配信委託	ABC製品のWeb広告

開発委託先と委託範囲	期間
コンサルソーシング株式会社(名古屋市) 原稿作成～配信～実績管理	2020年11月1日～2020年11月30日 広告配信期間:11月15日～11月30日

管理項目	確認する資料	資料有無	内容確認
広告ターゲットの設定	広告ターゲット設定シート	○	○
広告原稿の作成	広告原稿	○	○
広告配信条件と期間の設定	配信計画書 修正履歴を追加	○	△→○
広告の配信	－		－
広告からのクリック率の測定と評価	広告配信レポート		
次回広告での改善案の作成	広告改善シート		

> 変更・修正の足跡を残させる

確認での指摘事項	処理結果
広告単価が高すぎる 20年11月5日 広告単価設定が1クリック350円設定では、予算の20万円で必要な総クリック数の1000件が確保できない。	総クリック数の確保を優先するためには、広告単価を200円とするように配信条件を修正した。

管理点は少なくまとめ、かつそのプロセスが正常なのか異常なのかはっきりと判断をつけられるものにします

仕事のゴールを
もっと明確にする

"目的"の「見える化」

「請求書作成は何のためですか」と尋ねられた場合、「顧客が商品を購入したから」（①）、「お金を振り込んでもらうため」（②）と答える人が多いのではないでしょうか？　①は理由、②は自分たちの便益です。請求書作成の目的は「適正な支払い手続きのための情報提供」ですが、このように答える人は少ないでしょう。思いのほか、目的を認識していない人が多いのです。また、目的を指示しない管理者は、手順通りに作業することが仕事だと思う人をつくります。

　日々の仕事の中でスタッフが自分の仕事について考える機会をつくり、改善を生む土壌をつくるために、仕事の目的の「見える化」が必要となります。

　仕事の目的を「見える化」するには**「業務指示カード」**を使います。

　口頭ではなく、仕事の目的を記載したカードで仕事を指示します。「〜のために〇〇する」というように目的を明示します。

　なお、仕事の目的を書くこと自体がポイントになります。口頭での指示ではたくさん説明して内容を伝えることが多い

ものです。ワンフレーズで端的に表現して伝えることが、目的をいっそう明確にすることにつながります。

▶「業務指示カード」で仕事の目的を明確にする

業務指示カード

作業内容：
請求書を作成する

目的：
適正な支払い手続きのための情報提供

MEMO：

担当： ●●●●●

自分たちの便益ではなく、仕事の一番の目的を明確にします。仕事の目的はワンフレーズで簡潔に書きましょう

仕事を正しく導く ルールづくりのコツ

"ルール通りの行動"の 「見える化」

　毎日のように同じ手順を繰り返す仕事なら、決められた手順を覚えることもできますが、たまにしかやらない仕事の手順は覚えることができません。

　たまにしかやらない仕事は手順書が必要不可欠です。そして手順通りに仕事ができたかを見える化し、管理するしくみが必要です。

　「行動矯正型の帳票」 は、手順通りできているか見える化し管理するためのツールです。

　帳票の上から下へ、または左から右へなど、帳票に書き加えていく順番が、踏むべき手順となるように設計します。帳票の承認者は、内容の確認だけでなく、決められた順番で帳票が書き加えられているか、つまり決められた手順を踏んでいるかも確認します。

　仕事は、Plan-Do-Check-Action のステップで進んでいきます。この PDCA のステップを最低限の手順として帳票を設計すると、仕事の品質管理や処置のサイクルと一致して管理しやすくなります。

▶ 行動矯正型の帳票の活用イメージ

商品説明会
開催準備手順

① 開催回数を決める
② 会場の空きを調査
③ 開催日の決定
④ 会場の予約
⑤ 招待状デザイン

徹底したい手順やルールを「管理シート」など行動矯正型の帳票で管理する

商品説明会開催準備管理シート		確認
① 開催頻度	2回	OK
↓		
② 会場の空き調査	9月まで空きなし	OK
↓		
③ 開催日の決定	10月15日、11月2日	OK
↓		
④ 会場の予約	予約中	

「まっいいか」は事故の元 確認漏れを防ぐひと工夫

"行動"の「見える化」

何かを確認して次のステップに進めるとき、いつも問題がないものや、時間に追われて忙しい場合は、「確認しなくても、まっいいか」と確認を怠ってしまうことがあります。

世の中で重大事故となっているものには、この「まっいいか」で仕事を進めてしまったことが少なくありません。確認行動を「見える化」して、この「まっいいか」行動ができないようにする必要があります。

行動の「見える化」には、**「行動記述型チェックリスト」**を使用します。

確認するとき、確認項目がリスト化されたチェックリストに確認したことをレ点チェックしますが、その際、確認する対象の名称や確認部位、適正な状態まで記述するようにして、実際に確認しなければ書けないようなことを、記録するようにします。

ただ、確認対象の名称や確認部位、適正な状態をすべての確認項目で記録すると負担が大きくなり、確認作業そのものが滞りかねません。同類の確認対象では代表だけにするなどして、記録させる範囲を最小限として負担を軽減します。

▶「行動記述型チェックリスト」の作成例

契約書作成作業確認チェックリスト

2021年9月28日

契約書名 A社向けXYZ商品売買契約書	営業担当 ：佐久間	購買担当 ：松井	契約担当 ：小田

確認項目	確認	確認対象	確認部位／手段
最新の仕様変更の有無を仕様書を入手して確認したか。	☐	7/29付仕様書	変更履歴日付
最新の仕様変更の有無を営業担当者と話して確認したか。	☐	営業担当の佐久間	9/25電話にて
最新の見積り書を入手して契約金額と納期を確認したか。	☐	8/16付見積書	見積金額と回答納期
営業担当者と話をして契約金額と納期の変更または保留の有無を確認したか。	☐	営業担当の佐久間	9/25電話にて
顧客からの注文書によって、契約範囲、金額、納期の確認をしたか。	☐	9/22付発注メール	注文専用メールにて
外注先の納期回答が問題ないことを確認したか。	☐	9/21付外注からの回答メール	購買の松井のメール転送
外注先の受託の意志をエビデンスありの形で確認したか。	☐	9/22付外注からの回答メール	購買の松井のメール転送
法務部の契約事項レビューは行ったか。	☐	9/14付法務部レビュー報告メール	営業の佐久間のメール転送

> 適正な状態を読みとれる表現で記述する

> 確認対象や確認部位または手段を記録させて、確実に行動させる

名称や確認部位、適正な状態を記録する項目を変えた数種類のチェックリストを用意し、毎回シャッフルして、記録する項目が変わるようにすると、さらに「まっいいか」行動を防止できます

目的達成への
進捗管理こそが大事

"仕事の進行"の「見える化」

　仕事が動きはじめると、その仕事を終わらせることだけに目が行きがちです。現在どれくらい進んでいて、あと何をどれだけするのかといった、進捗ばかりが気になってしまいます。

　仕事は何らかの目的を達成するために行っています。そして、仕事を行う環境は日々変化していっています。過去に決めた方法では目的を達せられなくなることもあります。常にその仕事がちゃんと目的に向かって進んでいるのかを見ていき、必要であれば仕事自体をやめることが必要になります。そのためには仕事の進捗状況ではなく、目的に向かっているかどうかの進行状況を見ていきます。

　進行状況を見ていくためには**「結果指標」**を設定します。「結果指標」とは、目的が達成されたことを具体的に測るためのモノサシで、何がどのくらいの値になった時が達成かを明確にしておくことです。そして、計画を進めていく中でその値を見ていき、もし結果指標が予定したように変化していかないのであれば、計画の見直しを考えます。

▶ 結果指標の設定の仕方

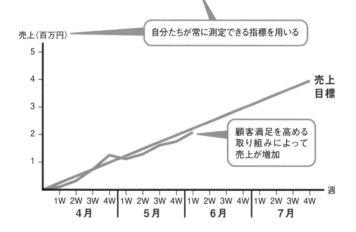

目的：A製品において顧客満足を高める

目的に直結した指標が自分たちには直接測ることのできないものであれば、代用特性を探し出して結果指標とする

顧客が満足すればリピート売上は上がる

結果指標：A製品のリピート売上高 400万円

自分たちが常に測定できる指標を用いる

売上（百万円）

売上目標

顧客満足を高める取り組みによって売上が増加

| | 1W 2W 3W 4W | 1W 2W 3W 4W | 1W 2W 3W 4W | 1W 2W 3W 4W |
| | **4月** | **5月** | **6月** | **7月** |

週

タスク管理 — プロセス — **仕事設計** — チーム管理 — 改善 — 人と組織 — 仕事環境

「ダラダラ仕事」のムダを取り締まる

"標準時間"の「見える化」

　仕事に取りかかってから、ファイルを探したり、下準備を行ったりしていると、いつ仕事が終わるのかわからず、一日の仕事量が妥当なのかもわからない状態になっています。

　それは、段取りや手順を考えずに、目の前の作業に取りかかることで起こります。段取りや手順を考え、ダラダラ仕事を防止するには、**標準時間**を設定し、見えるようにします。

　組織として、どの程度の労働コストをかける価値のある仕事かを見積もったものを標準時間といいます。標準時間は職場で決めます。通常は、ひとつの仕事の完了までの最速の時間が標準時間です。

　標準時間の「見える化」は、**「業務指示カード」**に標準時間を記載することで行います。「業務指示カード」は指示を出す人が作成し、カード1枚につき1作業を記載します。「業務指示カード」に標準時間という項目を設け、その作業に対する標準時間を記載しておきます。同じ作業であれば実施する人が異なる場合でも標準時間は変わりません。標準時間が明確になっていると、仕事を行う人は時間を意識し、段取りなどを考えるようになり、標準時間内に終わらせようとしま

す。

また、「業務指示カード」に実績時間という項目も設けて
おくと、実際にその仕事にかかった時間を記録することで、
標準時間との差を認識でき、実績時間が長くなった場合は、
その原因を考え、改善につなげることができます。

▶「業務指示カード」（標準時間記入版）の例

業務指示カード

作業内容:
A社用提案資料 課内レビュー

標準時間1.0h
実績時間:

MEMO:

担当: ●●●●●

業務指示カード作成時に、あらかじめ標準時間を記載しておき
ます。標準時間は職場で決めます。通常は最速の時間です

4Mの「変化点管理」で
トラブル対応力を高める
"変化点"の「見える化」

　仕事が正常な状態で進行していれば問題はありません。しかし、異常が発生すると、途端に品質やコスト、納期に問題が出てきます。異常な状態を引き起こす原因は様々ですが、「変化」は、その中でも最も大きな原因です。仕事では、常に様々な変化が起きています。仕事を正常な状態に維持管理するためには、この「変化」を管理しなければなりません。変化を管理することを「変化点管理」と言います。

　仕事で起きる主な変化に、4Mの変化があります。4Mの変化とは、リソースである、人、設備やシステム、方法、モノや情報が変わるということです。この4Mの変化を管理すれば、仕事への影響を最小限に抑えられます。

　仕事の中で起きることが想定される4Mの変化に対する管理計画を検討し、立案するツールが、**「4M変化点管理検討シート」**です。変化点を明確にし、対応計画を準備しておくことで、仕事の混乱を招かないようにします。

　変化点は、環境変化によって変化点自体も変化していきますから、定期的に見直し、検討を行いましょう。

▶「4M変化点管理検討シート」の活用例

対象業務			
ホームページ情報の更新業務			
4M	変化点	心配点 (リスク)	対応計画
人 (Man)	担当が退職して、中途入社の経験者が業務を引き継ぐ	経験者の入社が遅れ (担当者が先に退職)、業務の引き継ぎができない	いったん、別の人に引き継ぎ、その人から中途入社者に引き継ぐ
設備・システム (Machine)	ホームページの制作システムが更新される	更新により、ホームページに掲載されている情報の表示が崩れて、見られなくなる	テストサイトを立ち上げて、更新による影響をテスト確認してからホームページのシステムの更新をする
方法 (Method)	ホームページへの情報掲載の承認部門が変わり、承認手続きが変更される	承認に時間がかかるようになり、情報の掲載期日に間に合わなくなる	承認手続きの開始日を現状より3日早くする
モノ・情報 (Material)	ホームページの掲載している写真を高解像度ものに変更	写真のデータサイズが大きくなり、表示されるまで時間がかかり、ホームページのレスポンスが落ちる	写真データを圧縮するプラグインを導入する

手順

①仕事の体制や作業における4Mの「変化点」を予想し、リストアップ
②その変化点に対する心配点 (リスク) を検討。心配点 (リスク) は、1人で考えるのではなく、チームで共に想定されるトラブルや負荷などを洗い出して検討する
③心配点 (リスク) に対する対応計画を検討する
④実際に変化点が発生した時に対応できるように、手順書などに反映する (標準化する)

 心配な点がたくさん洗い出された場合は、その中で、大きな問題につながるものを明確にして、その対策を立案するとよいでしょう

トラブルに負けない計画を立てる方法

"仕事の阻害要因"の「見える化」

　仕事が計画通りに進まない最大の原因は、計画が「うまくいくことを前提にして立てられている」ことにあります。トラブル発生を想定していないため、トラブルへの対応策を用意していないのです。仕事のトラブルへの対応策がなければ、対策が遅れるばかりだけでなく、二次トラブルを誘発して、さらに問題を拡大させてしまいます。

　トラブルに強い計画づくりには、PDPC法が役立ちます。**PDPC（Process Decision Program Chart）＝「過程決定計画図」**は、作業の阻害要因を事前に想定して準備するためのツールです。また、実行時において新たに発生した阻害要因に対する対応計画を立案するツールにもなります。

　最初に、問題なく順調に進んだ時の仕事の流れ図を作成します。次に、過去の経験、技術的難易度、機器の故障、自然災害などを踏まえて、仕事の阻害要因を洗い出します。そして、それら阻害要因への対応策として、代替処置・迂回処置を検討します。阻害要因が発生した時と発生しなかった時について、仕事の流れや作業内容を計画し、流れ図に組み入れます。

　トラブルを前提とした計画を立てることができれば、仕事が計画通り進みやすくなります。また、事態の進展に応じて、冷静に、全体とバランスがとれた対応策を立案できます。そして、阻害要因への対応ノウハウが盛り込まれた実践的手順としての財産となります。

▶ 阻害要因を組み込んだ「仕事の流れ図」の例

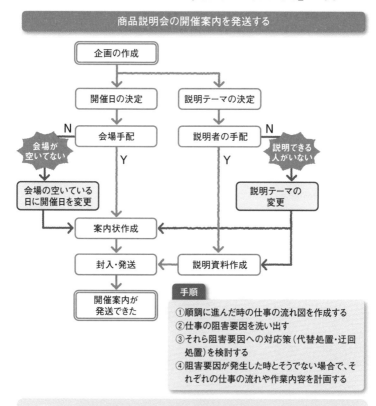

商品説明会の開催案内を発送する

```
企画の作成
  ├─ 開催日の決定 ──→ 会場手配 ──N──→ 会場が空いてない ──→ 会場の空いている日に開催日を変更
  │                        │Y
  │                        ↓
  │                     案内状作成 ──→ 封入・発送 ──→ 開催案内が発送できた
  └─ 説明テーマの決定 ──→ 説明者の手配 ──N──→ 説明できる人がいない ──→ 説明テーマの変更
                              │Y
                              ↓
                          説明資料作成
```

手順

① 順調に進んだ時の仕事の流れ図を作成する
② 仕事の阻害要因を洗い出す
③ それら阻害要因への対応策（代替処置・迂回処置）を検討する
④ 阻害要因が発生した時とそうでない場合で、それぞれの仕事の流れや作業内容を計画する

PDPC法のメリット	● 事前に阻害要因を洗い出し、対応策を準備できる
	● 事態の進展に応じて、冷静に全体とバランスがとれた対応策を立案できる
	● 実践的手順としての財産となる

リーダー　全体把握　目標設定

BSCの視点で戦略的に やるべきことを洗い出す

"戦略ストーリー"の 「見える化」

　会社の使命は、社会に価値を継続して提供することです。そのためには、ビジネスで利益を出し、事業を継続していくことが必要です。しかし、日々の仕事をただ漫然と行っていたり、方向性がずれた状態で頑張っていたりしても、結果にはつながりません。

　事業に即したやるべきことを洗い出すには、**戦略マップによる仕事の戦略ストーリーの見える化**が有効です。これには、「バランス・スコアカード（BSC）」の４つの視点が役に立ちます。

　「バランス・スコアカード」の４つの視点とは、財務の視点、顧客の視点、業務プロセスの視点、学習と成長の視点です。これらの視点には、４層構造の関連性があります。財務をトップとして、顧客、業務プロセス、学習と成長というつながりがあります。

　まず、最終的な財務の成功したい姿をトップに示します。それを実現するうえで、財務上の達成事項を明確にします（財務の視点）。次に、その財務上の達成事項を実現するために、製品・サービスの購入者・ユーザーである顧客に対する

対応を明確にします（顧客の視点）。次に、顧客に対する対応に不可欠な業務プロセスにおいて、実現させなければならないことを定義します（業務プロセスの視点）。最後に、その業務プロセスの実現を担う人的資源、知的財産の実施事項を明確にします（学習と成長の視点）。このように、上位層から順番に、実現のための連鎖を整理して、戦略的に、やるべきことを洗い出します。

見える化を行う時は、トップの財務からですが、実際の仕事では、下位層である学習と成長から業務プロセス、顧客、財務へとつながっていきます。やるべきことの結果の積み重ねが、より大きな望む結果につながります。

▶ 戦略マップで仕事の戦略ストーリーを見える化

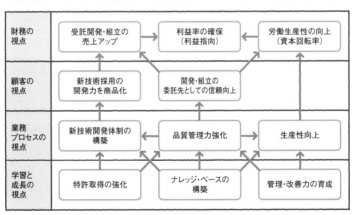

事業戦略領域（財務、顧客）と機能戦略領域（業務プロセス、学習と成長）のつながりを明確にすることが重要です。
一通り作成したら、下位層からつながりを見ていきます。アップストリームで見ることで、整合性が取れているか確認しやすくなります

競合他社に負けない 自社の強みの見つけ方

"競合"の「見える化」

　顧客は、競合同士を比較してその中から発注先を選択しています。どんなにすばらしい商品やサービスであってもそれを上回るものを競合相手が出してきたら競争には勝てません。競合は誰で、相手の強み弱みが何であるのか、そこがこれから何をしようとしているのかを「見える化」し、競合先に勝てる訴求点を明らかにしていくことが必要です。

　「SWOT分析シート」は、自分たちと競合先について、ビジネスを展開するうえでの特徴を**強み（Strengths）、弱み（Weaknesses）、機会（Opportunities）、脅威（Threats）**の視点から整理して、自分たちと競合先の現在のポジションを明らかにします。

　自分たちと競合先の特徴で相反するものがあれば、自分たちの強みや機会を高めるための方法を検討します。自分たちも競合先もともに弱みであったり、脅威である点は、視点を変えれば大きな機会になります。相手よりも１日でも早くそれを打開する方法を検討します。

▶「ＳＷＯＴ分析シート」の使い方

		脅威	機会
SWOT分析の テーマ名		**自社・競合ともに 受ける脅威** 業界や社会全体に共通する脅威。例えば、新型コロナの感染拡大や労働人口の減少	**自社・競合ともに 得る機会** 業界や社会全体に共通する機会。例えば、オリンピックの開催やDXブームの到来
強み	自社の強み （競合の弱み） 競合に対して、自社の得意とするもの、優位に立つ条件。例えば、市場シェアの高い商品を保有している	**他社を引き離す チャンス** 脅威を打ち消すような自社の強みを活かして、競合を引き離す方法	**飛躍のチャンス** 機会と自社の強みの組み合わせによって相乗的に競争力を高める方法
弱み	自社の弱み （競合の強み） 競合に対して、自社の不得意なもの、競合が自社より優位に立つ条件。例えば、競合が自社より性能の高い商品を有している	**ビジネス喪失の 危機** 脅威と弱みの組み合わせが相乗的に自社にダメージを与える状態	**他社に引き 離されるリスク** せっかくの機会を自社の弱みが打ち消して、機会を活かせない状態

▶「SWOT分析シート」の記入例

マッドクラブを使った高級料理ビジネス	脅威	機会
	自社・競合ともに受ける脅威 新型コロナの感染防止のため来店客数が激減	自社・競合ともに得る機会 宅配サービス業者が増加し、宅配サービス範囲が拡大
強み 自社の強み（競合の弱み） 国内で手に入りにくいマッドクラブを使った海外でしか味わえない料理	**他社を引き離すチャンス** 旅行に行けずストレスの溜まっている顧客がマッドクラブ料理で擬似的海外旅行を体感	**飛躍のチャンス** マッドクラブが宅配で食べられることが話題となり、顧客が増加
弱み 自社の弱み（競合の強み） 高級料理に合った高級感を出すために店の維持コストが高い	**ビジネス喪失の危機** 来店客数の激減で、店の維持コストの高さから赤字となり、閉店となる	**他社に引き離されるリスク** 店舗維持にコストがかかりすぎて、宅配対応に投資ができない

 できてないことや弱いことばかりに目を向けず、強みやうまくできていることに目を向けます

市場の見える化は製品開発にも役立つ

"製品と市場"の「見える化」

　製品・サービスと市場の関係を「見える化」して、市場競争力ある製品・サービスの開発やマーケティングを進めます。

　市場と製品を縦・横軸にし、さらに既存と新規に分けた象限からなるマトリックス図上に、自社の製品・サービスの現在のポジションと今後向かっていきたいポジションをプロットします。

　「既存市場」×「既存製品」は製品を市場に浸透させる手立てをとります。

　「新規市場」×「既存製品」は新たに市場へと製品・サービスを広げます。

　「既存市場」×「新規製品」は既存市場（顧客）に求められる新たな製品・サービスを開発していきます。

　「新規市場」×「新規製品」は新たな市場に新たに開発した製品を投入していく多角化をはかります。

　市場という捉え方をすると、事業戦略レベルの大きな話となりますが、市場を顧客として捉えれば、職場レベルの活動においても役に立ちます。

▶「製品×市場(成長)マトリックス」の使い方

製品× 市場(成長)の テーマ名	既存製品	新規製品
新市場	**新市場拡大戦略** 海外市場や、新しい顧客層に向けて、自社の既存製品・サービスを投入する	**多角化戦略** 新たな市場に、これまで手掛けてこなかった製品・サービスを展開する。リスクは高い
既存市場	**市場浸透戦略** 現在の市場に、自社の既存製品・サービスを浸透させる。売上やシェアを高めるための戦略を立てる	**新製品開発戦略** 既存市場に、新しい製品・サービスを投入。製品開発などにコストがかかるが、マーケットのデータや既存のノウハウを活かせる

▶「製品×市場(成長)マトリックス」の記入例

	既存製品	新規製品
携帯電話、端末	<u>音声、テキスト、画像データの交換</u> 情報伝達機能を中心とした製品	<u>位置、加速度、画像センサーをもつ</u> 現在の状態や周辺の情報を収集できる製品
新市場 <u>生活支援サービス</u> 売買決済、資産運用、健康管理など生活支援サービスに関する市場	**新市場拡大戦略** 携帯電話・端末による ・モバイル決済、金融取引 ・チケットレスサービス	**多角化戦略** 携帯端末による ・健康管理・増進サービス ・医療診察サービス ・動作検出型教育訓練サービス
既存市場 <u>情報伝達サービス</u> 情報の取得、発信、交換サービスに関する市場	**市場浸透戦略** 携帯電話による ・音声電話、メール交換 ・音楽取得、画像変換 ・ゲーム	**新製品開発戦略** 携帯端末による ・ナビゲーションサービス ・街角広告サービス ・動作検出型ゲーム

新規や既存について購買層や製品・サービス技術などを入れて具体的に表現することによって、イメージしやすくなります

仕事の価値を高めるには まず「顧客」を意識する

"顧客の便益"の「見える化」

　顧客に提供する商品やサービスの営業、開発部門などは、誰が顧客であるかを認識して顧客が何を求めているかを日々、追求しています。しかし、管理間接業務や社内向けサービスを行う部門は、顧客が誰であるか認識しないまま、決められた手順を遂行することが仕事の目的となっています。

　仕事には必ず、そのサービスの便益を受ける顧客が存在します。その顧客が誰であるかわからなければ、仕事の価値が何であるのかわからないも同然です。仕事の価値を認識し、高めるためには、**顧客を「見える化」**することが必要です。

　自分たちの仕事における顧客を定義します。自分たちの仕事によって、何らかの便益を受ける人が誰であるのか、どこの組織であるのかを明確にします。自分たちの仕事によって顧客に与える便益が何であるのか、その効果はどのようなものなのかを明確にして記述します。

　仕事を改善したり、問題発生時に対策を考える時に、この顧客定義をまず見てから、問題の原因や対策の方向性、改善案を検討していきます。

▶「顧客定義書」の作成例

> まず、自職場とその価値を明らかにして、直接顧客、最終顧客の順で、顧客が誰なのか、顧客への便益は何なのかを考えていく

自職場

営業事務課2係

〈自分たちの価値〉

● 短いリードタイムでの処理
● ミスのない事務処理
● 営業工数削減

直接顧客

医療システム営業課

〈顧客への便益〉
スムーズな営業事務処理による

● 営業活動リードタイムの短縮
● 漏れ、遅れのない契約
● 本業の営業活動への注力

最終顧客

医療機関

〈顧客への便益〉
信頼して任せられる安心感

● タイミングの良い投資判断
● 漏れ・遅れのない契約

自分たちのサービスが顧客の仕事の価値をどのように高めるのかを、具体的にイメージします。直接顧客がどうなると、最終顧客から直接顧客が評価されるのかをイメージすると、具体化しやすくなります

アウトプットを具体化し低品質・過剰品質を防ぐ

"アウトプット"の「見える化」

　仕事のアウトプットは報告書や企画書、品物、プログラムなど有形のものもあれば、基本的なしくみを考えることやみんなの意見を調整することなど、無形のものもあります。

　アウトプットを明確にせず仕事をはじめると、担当者や作業状況の違いなどでアウトプットが異なり、低品質や過剰品質を生んで問題を発生させます。アウトプットを「見える化」して、低品質も過剰品質も生まないことが重要です。

　アウトプットの「見える化」とは、**各仕事で何をどこまでするか具体的に定義し、誰でもわかるように示す**ことです。

　報告書や企画書などの文書は、文書書式の標準化を行います。人任せにすると、見た目や項目、内容などにバラツキが出るのを、誰がその文書を作成しても同じようにできるようにするために書式を統一します。どのような項目を書くのか、どの程度の内容を書くのか、どのような書式で書くのか、どれだけの量を書くのかを決めます。書く量を制限することで、簡潔にまとめることができます。また、「時間があるから、あったら喜ばれる情報を追加しておこう」というようなことで生まれる過剰品質を防ぐことができます。仕事には、その

仕事に見合った投入できる工数があります。良かれと思ったことでも、その仕事に見合わない工数をかける必要があれば、それは出すべきアウトプットではありません。低品質だけでなく、過剰品質も生み出さないようにします。

また、品物などでは外形や性能などを決めます。検討など無形のものであれば、何をどこまで考えるのかを決めます。

▶ 文書書式の標準化の例

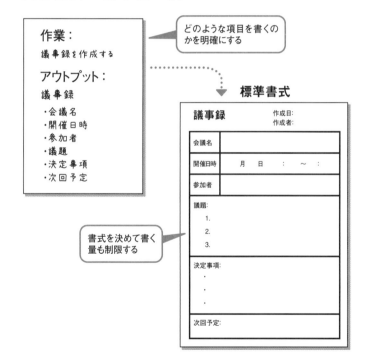

作業：
議事録を作成する

アウトプット：
議事録
・会議名
・開催日時
・参加者
・議題
・決定事項
・次回予定

どのような項目を書くのかを明確にする

標準書式

議事録	作成日： 作成者：
会議名	
開催日時	月　日　：　～　：
参加者	
議題： 　1. 　2. 　3.	
決定事項： ・ ・ ・	
次回予定：	

書式を決めて書く量も制限する

仕事のアウトプットを定義することは、仕事の品質を定義することです。適正な品質が明らかになるので、人や作業状況による仕事の品質のバラツキを防ぐことができます

生産性の低いムダな
時間を大胆にカット

"正味仕事と非正味仕事"の
「見える化」

　仕事には、顧客に直接価値を与えている**正味作業**と、その正味作業を行ううえで付帯的に発生する、打ち合わせのような**非正味作業**があります。

　しかし、この非正味作業は、顧客に価値を与えるために必要性があって行っていることから、非正味作業を行うことに疑問を持つ人は多くありません。非正味作業は、業務の複雑さや管理のまずさ、スキルのバラツキなどによって増加する傾向にあり、ひどい場合は労働時間の60％以上を占めます。

　正味作業と非正味作業の「見える化」を行い、非正味作業を減らし、正味作業を増やすことに向けた行動を促す必要があります。

　正味と非正味の**分類基準**を作成します。正味作業は、顧客に直接価値を与えて、対価をいただくことに見合うものであり、顧客に対して提供する商品やサービスの企画開発・運用などがあたります。分類基準に基づいて職場の作業を分類し、それぞれの工数を集計して非正味作業の割合を求め、減らす目標を立てます。そして改善を行います。

▶ 正味・非正味分類基準

正味	非正味
考え方 ・顧客に対して直接的に価値を提供している本業としての仕事 ・本業の品質・コスト・納期を直接左右する影響力の大きい支援的な仕事 ・遵法性、社会性に関わる仕事	**考え方** ・組織運営上必要なコミュニケーション、監視、管理の仕事 ・管理のまずさやミスなどから発生した付帯的な仕事またはフォロー仕事 ・慣例による仕事
営業事務課の例 ・契約書作成、締結 ・請求・支払い ・顧客問合せ対応	**営業事務課の例** ・契約書の修正・変更 ・過払い処理 ・同一顧客からの再問合せ

> 考え方を明確にして、それに基づいて、職場の仕事を正味／非正味に分類する

作業を分類・集計したイメージ

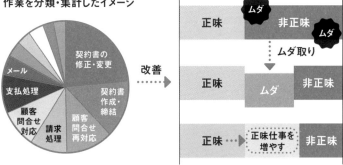

> 分類基準に基づいて、職場全体の仕事を分類し、作業工数のデータを取り、集計する。非正味作業の割合を算出し、非正味作業を減らす目標を立てる。そして、非正味作業のムダ取りを行い、正味作業を増やす改善を行う

何をしたかわからない!?
「幽霊仕事」の原因究明

"幽霊仕事"の「見える化」

　一日仕事が終わった時に、今日は何をしていたのか思い出せないことがあります。何かやってはいたんだけど、自分の計画していた仕事は全然進んでいないことがあります。この見えない仕事が**幽霊仕事**です。

　幽霊仕事には、些細なやり直しや修正、調整、確認といった"魑魅魍魎"の行動があります。この魑魅魍魎の行動を「見える化」し、ちゃんと処置すれば、本来はこの世に存在しない幽霊仕事の原因究明と対策ができます。

　魑魅魍魎の行動の特徴である**突発追加、やり直し、修正、調整、確認**というキーワードが書かれた「**幽霊仕事記録カード**」を作成し、机の上に置いておき、それらの特徴に該当する行動が発生したら作業内容を書いておきます。

　一日の仕事が終わったとき、作業内容を記録したカードに幽霊仕事が発生した原因、工数を記入します。定期的な改善ミーティングの場で、幽霊仕事記録カードをもとに改善を行っていきます。

●本書へのご意見・ご感想をお聞かせください。

ご協力ありがとうございました。

▶「幽霊仕事記録カード」の使い方

STEP①

発生した幽霊仕事をカードに作業内容などを記入する

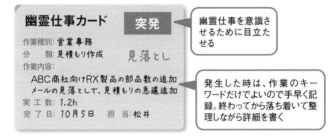

幽霊仕事カード　　突発

作業種別: 営業事務
分　類: 見積もり作成
作業内容:　　　　　　　　見落とし
　ABC商社向けRX製品の部品数の追加
　メールの見落としで、見積もりの急遽追加
実工数: 1.2h
完了日: 10月5日　担当: 松井

> 幽霊仕事を意識させるために目立たせる

> 発生した時は、作業のキーワードだけでよいので手早く記録。終わってから落ち着いて整理しながら詳細を書く

STEP②

幽霊仕事積み上げグラフにカードを貼り付ける

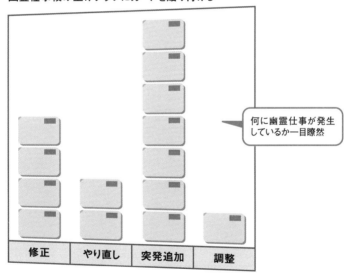

> 何に幽霊仕事が発生しているか一目瞭然

| 修正 | やり直し | 突発追加 | 調整 |

意識して行うことで、魑魅魍魎の行動が見えてくる!

ひと目でわかる 修正履歴の管理テク

"修正"の「見える化」

　資料や規定、ルールなどは必要に応じてどんどん改版されるものです。しかし、改版された時に何のためにどこが修正されたのかわからないと、その修正を見落として古い方法で処理を進めてしまいます。

　修正を見えるようにするには、**修正履歴の作成と修正箇所に印をつける**ことを行います。

　修正を行った場合は、いつ、何のために、どこを修正したかを記載した修正履歴を作成します。そして、修正した箇所にはマーカーなどで色を付けるか、下線を引くなどして直接的に目で見てわかるようにしておきます。ただし、修正した箇所に印を付けるのは直近の修正だけにします。過去の修正箇所の印は新しいものを付ける時に通常の状態に戻しておきます。

　修正は第1版として確定した時からはじめます。まだ作成中や検討中のものはどんどん修正が発生しますから、改版を見ていっても意味がありません。また、小さな修正が頻繁に発生した場合は、いったん落ち着くまでを一度の修正とみなしましょう。

▶ 修正履歴の作成例

資料Aの修正履歴

No.	修正日	頁	行	修正内容	修正理由
1	202X年 ○月×日	3	4	事例の追加	具体的なイメージが わかず正しく理解さ れなかった
				追加・変更・削除がわ かるようにする	何のために修正した かをしっかりと書く

修正した箇所

情報システムやネットワークの発達によって、仕事は様変わりしてきました。パソコン画面から何でも簡単にできてしまいます。しかし、それはクリック1つで大きな問題に直結する環境になったということでもあります。「61万円1株売り」と「1円61万株売り」の金額と数量の入力ミスで瞬時に400億円の損失になったというニュースもありました。

昔は、「ミスが多いから困る」という話でしたが、今は、「1回のミスでとんでもないことになるから怖い」という話をされ

□□□□□□□□□□□□□□□□□□□□□□□□□□□□□□□
□□□□□□□□□□□□□□□□□□□□□□□□□□□□□□。

Page.3

やりたいことを
実現するための工夫

"夢"の「見える化」

　多くの職場では、いままでやりたいと思っているがやれていないことや、今後のためにやらなければならないと考えていること、今後やっていきたいことなどがたくさんあります。しかし、これらの事柄は目先の仕事に追われて、手をつけることができず消えていってしまいます。

　やりたいことや今後のためにやらなければならないことなどの夢を、目に見える形にすることで現実のものとしていく必要があります。

　夢を目に見える形にするには「夢タスクカード」を使います。夢タスクカードは"○○がしたい"などと状態や姿を書くカードではなく、夢を実現するために行うこと、行動を書くカードです。基本的には通常のタスクカードと同じです。ただ、直接的に顧客にサービスを提供するタスクではなく、将来のために行うタスクを書きます。

　そして、書き出した夢タスクカードは通常のタスクカードと同様に、タスク管理ボードに貼り計画的に実施していきます。

▶「夢タスクカード」の活用方法

作業：
〇〇設計

作業：
〇〇会議

作業：
△△の調査

夢タスクとわかるように他のカードとは異なる色にする

目標：…… 夢タスク　10枚／週の消化

チーム夢タスクの消化目標も設定し、実施できなければ改善する

思い・野望の具現化が
チーム力を強化する

"目的・方針"の「見える化」

メンバーが互いに高め合う組織となるためには、それぞれの想いから職場の共通項を見つけ出し、職場のめざす姿を示す**目的**と、こだわりを示す**方針**を見えるようにする必要があります。

共通の想いを引き出すのが「HOPINGアンケート」です。「どのような職場で働きたい？」「職場に増えるとうれしいものは？」「人を喜ばせる仕事ってどんな仕事？」など、ポジティブな回答が得られるように質問をし、不満ではなく夢や希望へ誘導するようにします。ミーティングで得られた回答をグルーピング、マッピングし、職場としての共通項やキーワードを見つけ出し、つなぎ合わせて目的・方針を立てていきます。自分たちの想いで作成された目的・方針には思い入れが強くなり、責任感が芽生えてきます。

また、その目的・方針を見える場所に掲示することで、自分の行動は目的に基づいているのか、方針に沿っているのかを常に考えるようになり、職場全員の行動に一貫性や整合性が出てきます。

▶「ＨＯＰＩＮＧアンケート」と「目的・方針」の例

★ ★ ★ HOPINGアンケート ★ ★ ★

★どんな職場で働きたいと思いますか？

明るく活発、気持ちがいい、助け合える、意見を聞いてくれる、成長できる環境、仕事が楽しい

★職場に増えるとうれしいものは何ですか？

笑顔、活気、一体感

★仕事を通して誰に喜んでもらえるとうれしいですか？

自分が接するお客さんや職場の人

★その人のために、もっと何ができたらなぁと思いますか？

・お客さんから問い合わせや依頼があったら即座に対応できるようになりたい
・頼まれた仕事をミスなく正確にできるようになりたい

★仕事や職場において「やりがいを感じるなぁ」「こうなるともっとステキな職場になるのになぁ」「こんな力をつけたいなぁ」など、喜びや希望の声を聞かせてください。

・お客さんが今何を求めているのか、気づけるようになりたい
・繁忙期には皆で助け合えたらいいのになぁと思う
・自分の仕事だけじゃなくて、違う仕事もしてみたい。

> マイナスの言葉を使わず、プラスの言葉で質問する

目的・方針

★ 目的 ★
たくさんの「ありがとう」が溢れる職場となるため、チーム一丸となって改善活動をすすめる

★ 方針 ★
・みんなの笑顔のため「見える化」と「標準化」をすすめる
・お客様の笑顔のため「気づき」と「提案」の力を高める

> キーワードのフォントサイズや色を変え強調させることで、強い印象を与える

目標達成を登山に見立て 楽しく。やる気もアップ

"目標"の「見える化」

　職場が成長していくためには、理想と現状を「見える化」することが重要です。

　めざす姿に対してのプロセスを「見える化」し、現状を把握するためのしかけは、**「登山グラフ」**です。

　登山に見立てて最終目標を頂上とし、頂上をめざすためにどういったプロセスを踏み、現状どのレベルにいるのか、達成度合いが一見してわかるグラフです。

　理想を現実にするためには、ステップバイステップで前進していくことが必要です。細かくプロセスを区切り、一歩ずつ進むための目標も見えるようにします。それぞれの目標を達成しているか否か測定、判定できるように、具体的な数値目標を立てていきます。

　自分たちの職場がいまどのレベルに達しているのか、現状がわかるようにマスコットを貼ります。どれだけ成長できたのか、あとどれだけがんばれば自分たちがめざした職場となれるのかが一見してわかるようになります。

▶「登山グラフ」の活用イメージ

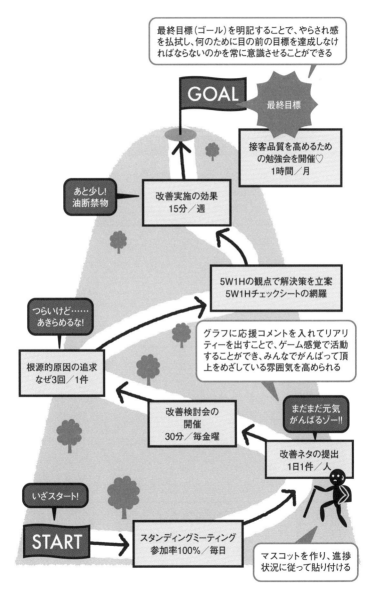

最終目標（ゴール）を明記することで、やらされ感を払拭し、何のために目の前の目標を達成しなければならないのかを常に意識させることができる

GOAL

最終目標

接客品質を高めるための勉強会を開催♡
1時間／月

あと少し！
油断禁物

改善実施の効果
15分／週

5W1Hの観点で解決策を立案
5W1Hチェックシートの網羅

つらいけど……
あきらめるな！

グラフに応援コメントを入れてリアリティーを出すことで、ゲーム感覚で活動することができ、みんなでがんばって頂上をめざしている雰囲気を高められる

根源的原因の追求
なぜ3回／1件

改善検討会の
開催
30分／毎金曜

まだまだ元気
がんばるゾー!!

改善ネタの提出
1日1件／人

いざスタート！

START

スタンディングミーティング
参加率100％／毎日

マスコットを作り、進捗状況に従って貼り付ける

チーム全体の力を底上げする方法

"共通ステップ"の「見える化」

　職場が成長していくためには、理想だけでなく目の前のステップを見えるようにし、現実と理想のギャップを客観的にとらえることが必要です。

　職場の共通のステップを「見える化」するしかけは、**「成長プロセス」**です。

　職場のボトムアップをはかるために高めるべき力は何なのか、どのようなステップで進めばいいのかを順に追って見えるようにしたツールです。

　まず、職場が成長するのに、何ができるようになるべきか、どのような力をつけるべきかを成長目的を掲げます。次に、目的の達成に向け、段階ごとにめざす姿を定義します。定義づけができたら、ステップごとにそれを実現するために必要な行動を明確にします。職場で協力して行う行動を具体的に書きましょう。さらに、その行動をサポートするしかけも明確にします。しかけとは、仕組みや勉強会などです。

▶「成長プロセス」で何をすべきかを明確にする
（接客業務の場合）

【 成長目的 】接客品質を高めて受注率高める

めざす姿	接客情報を収集しチームで共有できるようになる →	接客情報分析から受注確度を高める接客方法を立案できる →	受注確度を高める接客方法が全スタッフに共有・徹底できている
行動	・受注確度を左右する接客行動のリストアップ ・接客時のやりとり情報の毎日入力	・受注確度を高める接客行動の分析と手順化 ・受注確度を高める接客行動をサポートする仕組みづくり	・受注確度を高める接客手順のトレーニング ・トレーニングした手順の習熟度の評価とフォロー
しかけ	・接客情報入力シートの作成 ・接客情報入力の勉強会	・受注確度を高める接客行動の分析勉強会	・受注確度を高める接客手順書とサポートツール
指標	・接客情報入力件数	・接客行動の手順化件数	・接客手順のトレーニング回数と習熟度

ステップごとの取り組みが実施できているか、めざす姿を実現できているか評価するための指標も明らかにすることも大事です

141

勘違いや話の脱線を防ぐ 「ポスティング録」

"打合せ内容履歴"の 「見える化」

　打合せにおいて重要なのは、その場その場で出した結論を「見える化」し、各々の頭の中を確認していくことです。

　議論しながら模造紙に付箋紙を貼っていき、**「ポスティング録」**を作成します。これは、全員で話し合いをしながら結論を同時に記録していくツールです。通常の議事録は一人の人が話を解釈しながらまとめますが、ポスティング録は結論を全員と確認しながら付箋紙に書き出し貼っていくため、参加者全員の頭を整理でき、個々の勘違いがなくなります。

　打合せをはじめる前に、話し合うべき事項（議題）を付箋紙に書き出しておきます。一つひとつ順番に話し合い、結論を異なる色の付箋紙に記載し貼っていきます。こうすることで、あと何を議論するべきか、何を決めておかなくてはならないのかが一見してわかり、漏れがなくなります。また、話し合いのテーマを明確に指し示すことで話の脱線がなくなり、ひとつの議論に集中できます。

　話が堂々巡りしないように、変更があった場合はその履歴を残しておきます。

▶「ポスティング録」の活用例

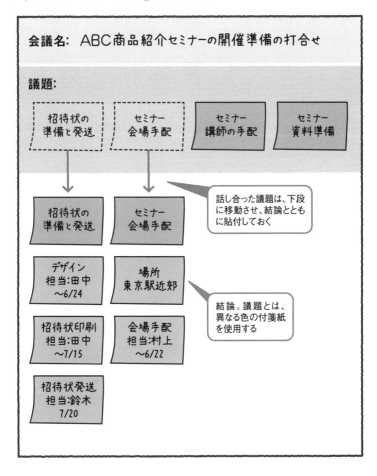

会議名: ABC商品紹介セミナーの開催準備の打合せ

議題:

招待状の
準備と発送

セミナー
会場手配

セミナー
講師の手配

セミナー
資料準備

招待状の
準備と発送

セミナー
会場手配

話し合った議題は、下段
に移動させ、結論ととも
に貼付しておく

デザイン
担当:田中
〜6/24

場所
東京駅近郊

結論。議題とは、
異なる色の付箋紙
を使用する

招待状印刷
担当:田中
〜7/15

会場手配
担当:村上
〜6/22

招待状発送
担当:鈴木
7/20

**変更が発生した場合は、どういった経路をたどって変更したのか
履歴を残し、変更日を記載した付箋紙も貼っておきます**

できるリーダーは
すばやく応援体制を敷く

"能力と負荷のアンバランス"の
「見える化」

　仕事の負荷と処理能力のバランスを見えるようにするためには**「バランス・ライン」**を使います。

　バランス・ラインとは、作業の発生スピード（負荷）と作業の終了スピード（処理能力）を目に見えるようにしたものです。業務別に切られたタスク管理ボードに標準の持ち量を決め、その分のタスクカードがちょうど置けるスペースをとってそこに線を入れます。この線がバランス・ラインです。作業が発生したら作業待ちのところにカードを貼りますが、まずバランス・ラインの中を埋め、入らなくなった場合はラインの外に貼ります。作業を行う時は優先順位に従ってカードを取ります。

　バランス・ラインを超えてカードが溜まりはじめれば、発生スピードが作業スピードを上回っていることがわかるため、増援を考える必要がありますし、バランス・ラインを下回っていれば、発生スピードが作業スピードを下回っていることがわかるため他業務への応援を考えます。

▶ バランス・ラインの活用例

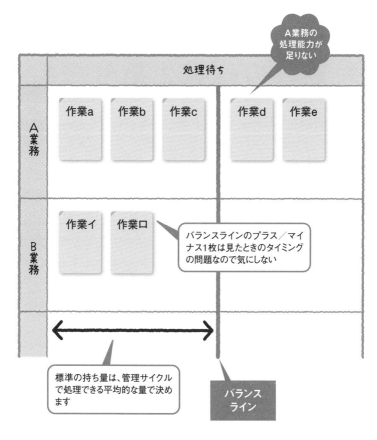

予定と実績の時間差が大きいのは黄色信号

"予実ギャップ"の「見える化」

　その仕事にかける時間を意識していなかったり、仕事に取りかかってから必要な備品を揃えたりすることがあります。ただ闇雲に目の前の仕事に取りかかるのは、段取りや手順を考えていないことと同じです。改善点を認識するために、作業の予定時間と実績時間の差 **（予実ギャップ）** がわかるようにします。

　予実ギャップの「見える化」は、**「業務指示カード」** にその作業の予定時間と実績時間を記入することで行います。

　あらかじめ、「業務指示カード」に予定時間を記入しておきます。予定時間はその作業を実施する人が決めます。作業が完了したら、実際にかかった実績時間を記入します。実績時間は純粋にその作業を行っていた時間で、他の仕事をしていた時間は入りません。例えば、A業務の開始時刻が13：00、完了時刻が15：30で、14：00 ～ 14：30は来客応対をしていた場合、実績時間は２時間になります。

　予定時間と実績時間の差が大きい仕事について、なぜ予実ギャップが大きくなったのかを分析し、改善のPDCAを回し、解決をはかっていきます。

▶ 業務指示カードで予実ギャップを確認する

業務指示カード

業務内容：

顧客マスターのメンテナンス

予定時間： 1.0h

実績時間：

納　　期： 6／18

着　手　日：

完　了　日：

> 業務指示カード作成時か、その作業に取りかかる前に予定時間を記入しておく

> 実績時間はその作業が完了したらすぐ記入する。1日の終了時にまとめて記入しようとしても忘れてしまうことがある

予実ギャップの原因：

担当： ●●●●●

見落としがちな 共通費の工数に注意

"共通費配賦"の「見える化」

　黒字プロジェクトが赤字プロジェクトのマイナス分をカバーしていて、黒字プロジェクトが完了したとたんにトータルが赤字に転落した話はよく聞きます。これは共通費などに、本来プロジェクト費用につけるべきものが紛れているような時に起きます。職場の総作業工数の30〜50％が共通費につけられているような場合は要注意です。共通費の内訳を洗い出し、プロジェクト費用への適切な配賦の見える化を行い、プロジェクトごとの正確な収支を把握することが必要です。

　共通費につけられている**作業工数の内訳**を洗い出します。
　特に管理者の問題処置工数、計画書や報告書の作成工数、共通の部内会議などに持ち込まれている個々のプロジェクトの打合せ検討工数、共通費でまかなわれている特定のプロジェクトのための教育・共通資材などに注目して洗い出します。それら工数を本来のプロジェクト費へ再配賦して、プロジェクト単位の収支を算出します。プロジェクトの規模や数によって違いますが、職場の総作業工数の内、共通費につけられる割合が10％以下となるのが目安です。

▶ 共通作業の工数・費用を再配賦

共通作業	作業内容	工数または費用	配賦工数／費用		
			A社向けプロジェクト	B社向けプロジェクト	C社向けプロジェクト
サービス紹介冊子の作成	企画	6h	2h	2h	2h
	冊子のデザイン	34h	12h	12h	10h
	冊子印刷と製本	12万円	4万円	4万円	4万円
	電子冊子の作成	18h	6h	6h	6h
	C社向けデザインのカスタマイズ	7h			7h
	C社向け冊子印刷	6万円			6万円

社内で取り決めた配賦基準で共通作業の工数および費用を分配する

プロジェクトへのサービス紹介冊子に、25h、10万円を再配賦

プロジェクト費用につけるべき作業は、プロジェクト担当だけで対応できない、非日常業務や異常業務の中に隠れていることが多いので注意が必要です

正常をわざわざ見える化するのも大事

"正常"の「見える化」

　管理は、仕事やプロジェクトにおいて異常が起きた時に速やかに対応し、QCDの低下を回避するために行います。QCDとは、Quality（品質）、Cost（コスト）、Delivery（納期）の頭文字を並べたもので、仕事の良し悪しを判断するモノサシです。常に仕事やプロジェクトが正常に進んでいることが見えれば、異常時のみに管理を行うようにでき、各自は本来行うべき作業に集中することができます。

　正常を見えるようにするためには、**「管理指標」**を使います。

　管理指標とは、行うべき行動が予定通りに行われているかどうかを見るためのものです。目的や目標を達成するためにはどのような行動をとるのか、そしてその行動がとれている・とれていないを判断するために何を見て、どのくらいの値であれば正常とするのかを設定するのです。ここで言う行動とは、そこで働く人が具体的に行うことのできる行動のことです。"訪問する""話を聴く""会議をする"など個人の行うことに展開されていれば、おのずとやった・やらないを

把握することは簡単になります。そして、それらを日々把握してグラフなど目に見える形で掲示していきます。

▶ 管理指標の設定の仕方の例

目的 ： A製品において顧客満足を高める

目標 ： 本年度A製品の売上高1,200万円

管理指標 ： 顧客訪問回数 …………… 10回／週

> 自分たちの行動を指標にする

顧客からA製品に関する要望や不都合を …………… 20件／週聞き出す件数

> 最初から的確な管理指標を選択するのは難しい。
> まず、いくつか決めてみて効果が薄そうであれば他の指標に切り替えていく

気持ちを見える化し共助力を高める

"気持ち"の「見える化」

　人の気持ちは見えにくいものです。しかし、その気持ちが仕事の生産性や品質に影響を及ぼすことがあります。また、自分のことであっても、自分の気持ちに気づかず、メンタルヘルスに問題を抱える状況に陥ってしまうこともあります。

　個人の気持ちの「見える化」には **「ニコニコカレンダー」** があります。縦軸が氏名、横軸が日付のカレンダーに、その日の気持ちを表すマークを貼るものです。マークは3種類用意し、良い状態、普通、憂鬱な状態がわかるようにします。「ニコニコカレンダー」は壁に貼っておき、マークは帰り際に自分で貼ります。帰り際に自分の1日を振り返って、気持ちを切り替え、明日はどうしようかと考えることが大切です。これを毎日続けます。ただマークで表すだけでなく、明日の Try（やってみること）を記入するのもよいでしょう。

　まず、自分自身が自分の気持ちに向き合うことが必要です。次に、周りが自分の気持ちを知ってくれていることを認識することが大切です。それだけで気が楽になったり、孤独感が軽減されたりもします。また、これらができてくれば、仕事を助けてほしい時に、手を挙げやすくもなります。

「ニコニコカレンダー」をネタに弱っていそうな人に声を掛けることは、原則行いません。ただ、チームやメンバーの状態をキャッチするヒントになりますので、1日分のみではなく、推移も見ていく必要があります。職場の中で一人だけずっと良い状態で他は全員憂鬱な状態や全員がずっと普通というのは、やはり何かがおかしいというサインです。仕事の中でトラブルの発生や負荷などはわかるはずなので、困っている人には、そのような場面で声掛けを行います。

▶ ニコニコカレンダーの活用例

	11/1	11/2	11/3	11/4	11/5	11/6	11/7	11/8	11/9	11/10
鈴木	☺	😐	☹	😐	😐			☺	☺	😐
山田	😐	😐	☹	😐	😐			☺	☺	☺
村井	☺	☺	☹	☹	😐			😐	☺	☺
土方	😐	☹	☹	😐	😐			☺	☺	☺
川上	☺	😐	☹	😐	😐			☺	☺	😐

☺ …良い状態　　😐 …普通　　☹ …憂鬱な状態

気持ちを表すマークはシールでつくります。毎日貼るものですから使いやすさが大切です。また、気持ちを表すマークは色の持つイメージを活かして色別にしたり、ニコニコマークなど表情を付けるのも効果的です

総時間の見える化が ムダな残業を減らす

"総時間"の「見える化」

　あらかじめ今日やるべき仕事がどれくらいあり、それが今日中に終われそうなのか、終われそうもないのかを明確にすると、終われそうもないものへの対応策が取れます。

　限られた時間でやるべき仕事をこなすためには、**「時間制限枠」**を使います。

　時間制限枠は、その職場で1日に使用できる総時間を明確にし、その時間をどの仕事にどれだけ割り当てるかを時間チケットで見えるようにしたものです。

　例えば、3人の職場で8時間勤務だった場合には、24時間の枠があるわけです。今日やらなければならない仕事A、B、C、D、Eにそれぞれ8枚、3枚、5枚、6枚、2枚の時間チケットを発行します。（ここでは時間チケットの1枚を1時間としています）。そして、Aの作業に取りかかり1時間経過するごとに1枚のチケットを取っていきます。8枚使い切っても終わらなかった場合は他の仕事のチケットをもらうか、残業チケットを発行します。その場合、今後のために改善を行います。

▶ 時間チケットを使って作業時間を見える化

3人のチーム時間制限枠24時間→ チケット ×24枚

仕事	予定	実績
A作業	チケット □ □ □ □ □ □ □	
B作業	チケット □ □	
C作業	チケット □ □	
D作業	チケット □ □ □	
E作業	チケット □	

・・・・・

5時間後

↓

> 15枚(3人×5時間)の
> チケットが実績欄に移動

仕事	予定	実績
A作業	チケット	チケット □ □ □ □ □
B作業		チケット □ □
C作業	チケット	チケット □ □
D作業	チケット □ □ □	
E作業	チケット □	

> A作業は予定していた
> 8枚では足りなかったの
> で他の作業（ここでは
> C作業から）を調整して
> チケットをもらう

目標実現の精度アップは
結果と行動の関連把握から

"結果と行動の連鎖"の「見える化」

　結果は日々の行動の積み重ねによるものです。目標を実現するには、組織の中の各個人がどのような行動を取る必要があるのかを明確にし、その行動を管理することが重要です。目標実現精度のアップには、結果と行動の連鎖を明確にすることが必要です。

　結果と行動の連鎖を「見える化」する方法には、**「結果と行動の関連図」**があります。これは、出すべき結果に対する行動を展開した系統図です。

　結果に対する実施すべき課題や施策を挙げるのではありません。日々行うことを行動レベルで明らかにします。具体的な行動を仮定することが大切です。

　しかし、結果を出すために何を行うべきかを明示するのは難しいものです。結果を出す行動を仮定し、実際に行動していく中で精査していくことでしか答えは得られません。早く決定し、速やかに行動することが重要です。組織の置かれている環境は変化しますから、その時点で行動が結果に寄与しているかどうかを常に確認し、必要があれば調整・修正して目標達成をめざします。

▶「結果と行動の関連図」の作成例

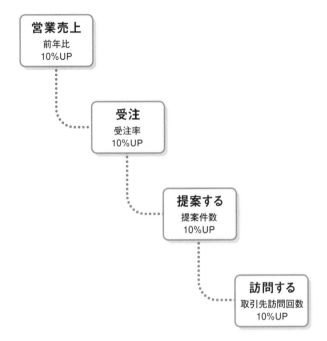

営業売上
前年比
10%UP

受注
受注率
10%UP

提案する
提案件数
10%UP

訪問する
取引先訪問回数
10%UP

行動は経営層や管理層だけで考えるのではなく、実際にその行動を行う人たちも交えて考えます

適正行動を取って効果的に結果を出す

"適正行動"の「見える化」

　結果につながるように行動の見直しを行えば、目標達成に近づきます。

　目標達成力向上には、**適正行動**の「見える化」が必要です。

　適正行動とは、目標達成に必要な行動のことを言います。

　適正行動の「見える化」は、**「結果指標グラフ」**と**「管理指標グラフ」の関係性**を見ることで行います。

　「結果指標グラフ」は、結果指標が目標達成に向けて推移しているか否かが一見してわかるグラフです。「管理指標グラフ」は、計画通り行動できているかが一見してわかるグラフです。結果指標と管理指標の推移と相関関係性から、行動の適正を確認します。

　目標達成に向けて計画通り行動しているにもかかわらず、目標とする結果が得られない場合は、結果と行動に相関関係が無く、その行動が適正ではないので、行動の見直しが必要となります。

　また、計画していたように行動しない、行動できない場合は、別の実行可能な行動に変更する必要があることがわかり

ます。

　結果と行動が結び付いているのか、数値で相関関係を見ることがポイントです。それが裏付けのあるよい行動を発案することにつながります。

▶ 管理指標と結果指標から適正行動を探る

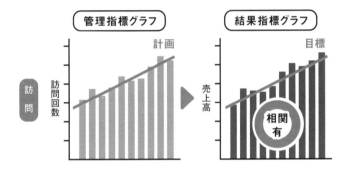

訪問回数が増えると売上げも増える相関関係にあり、訪問は売上げを増やすことに適正な行動と言える

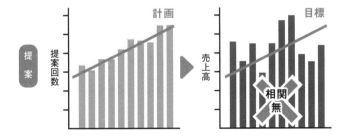

提案回数が増えても売上げは増えず、相関関係がないので、提案は売上げを増やすための適正な行動と言えない

メンバーの「やる気」を奮い立たせる星取り表

"やっている人"の「見える化」

　がんばっている人を「見える化」し、プロセスを管理するしかけに、**「星取り表」**があります。

　縦軸を名前、横軸を日付とし、目標に対しての日々の行動が一見してわかる表を作成します。実際に行動を起こすことができた人はシールを貼ります。

　日々の業務に追われ、ついつい怠け心が出てしまう時があります。その心を奮い立たせるために、星取り表を見える場所に掲示します。同じ労働時間の中できちんとやれている人がいる、がんばっている人がいる、という事実を見せ、自分もその気になればできる、がんばろうと前向きな気持ちを引き出します。

　星取り表は貼りかえるのではなく上へ重ねて貼っていきます。自分たちが毎日どれだけがんばってきたかを記録として見えるようにするため、上部のみ糊で貼りつけるとよいでしょう。

　貼るシールをキャラクターやキラキラなものにする、自分の好きなシールを選んで貼るなど、ゲーム感覚で楽しめるような工夫も効果的です。継続した活動にできます。

▶「活動星取り表」の活用例

活動星取り表

> 数値目標を明記する

改善ネタの提出　1件／日

	9/1 (水)	9/2 (木)	9/3 (金)	9/4 (土)	9/5 (日)	9/6 (月)	9/7 (火)	9/8 (水)	9/9 (木)	9/10 (金)
内田	●	●								
平岡	●		●							
北川	●	●	●							
坂口	●	●	●							
竹下		●	●							
元木	●	●	●							

過去のがんばりが見えるように上部のみ糊付けをし、上へ順に
貼っていきます

星取り表で良い行動の習慣化を加速させる

“継続”の「見える化」

　嫌な仕事をあと回しにして、それがどんどん溜まっていって気持ちが沈んで生産性も落ちていった人が「嫌な仕事は午前中にやる」と決めて、毎日、実践していったら、気持ちが明るくなり、生産性も上がったそうです。

　よいことを継続していることを「見える化」し、忘れや甘えからの中断を断ち切ってやり続けることによって、自己の行動変革をしていくことができるようになります。

　まず、改善活動での「気づき」から自己の行動変革に向けて、具体的にやるべきものを決めます。**「習慣化星取り表」**にその「やること」をいつ、どこでやるのかなどを具体的に書きます。その「やること」ができたら、シールを貼ってやったことを記録します。毎日の朝礼やチームミーティングでそれを発表し、途切れたら、その理由と次回から途切れないようにするための対策を説明します。

　また、「習慣化星取り表」はみんなの目につくところに掲示します。互いに継続していることを確認し合い、励まし合うようにしていく体制をつくると、継続できます。

▶「習慣化星取り表」の活用例

今週の行動！！

① 嫌な仕事は午前中のうちに済ませる！

② 帰るときは机の上に何も無いように！

	月	火	水	木	金
①	😊	😊	😊		
②	😊	✕	😊		

三日坊主クリア！

できていることが誇らしく思えるように目立たせたり、一定のところまできたら一段と大きく目立たせて、周りから褒められるようにしたりします

残業時間を減らすしかけ 「残業チケット」

"チーム残業枠"の 「見える化」

　残業削減を実現するためには、職場全体で時間を意識することが必要です。残業時間を「見える化」するためのしかけは、「**残業チケット**」です。

　まず、前年同月を参照し削減率を算出し、職場単位で１カ月に残業を何時間までできるか、残業時間枠を先に決めます。１時間を１枚のチケットとし、決めた残業時間分のチケットを準備します。

　そして週のはじめに、１週間分の業務の見通しを立てます。残業が必要だと思われれば、カレンダーに必要枚数分の残業チケットを貼ります。いつ誰が残業を予定しているのかが一見してわかり、個人の負荷のバラツキも見えるようになってきます。毎週自分の業務の見通しを立てることで、何となくの順番で仕事をするのではなく、きちんと仕事の優先順位を付ける訓練にもなります。

　残りの残業チケットの時間を見えるようにすることで、時間には限りがあると認識させ、定時で帰宅するためにはどうするかを考えさせることができます。残業時間の前貸しや貯金を可能とし、１カ月の中で相殺するようにします。

▶「残業チケット」の活用方法

残業チケット（1H）

理　由: ....

業務内容: ....

....

名前

「今月の残業枠」を設け、残数が何枚か一見してわかるようにする

今月の残業枠**21時間**　　残り**5時間**

残業チケット　残業チケット　残業チケット　残業チケット　残業チケット

9月

月	火	水	木	金	土	日
		1 残業チケット 残業チケット	2	3 残業チケット	4	5
6	7 残業チケット 残業チ	8	9 残業チケット	10 残業チケット 残業チ	11	12
13 残業チケット 残業チ	14	15 残業チケット	16	17 残業チケット 残業チ	18	19
20	21	22	23	24	25	26
27	28	29	30			

手順

①1カ月の残業時間枠を設定する

②1カ月分のカレンダーを準備。月曜日に1週間分の業務の見通しを立て、残業チケットを貼る

③残業を見込んでいたが実際には残業をしなかった場合は、残業チケットを残業枠に戻す

やめるのは新しいことを するのと同じくらい重要

"やめる"の「見える化」

　改善活動を行っていくと、いままでにやれていなかったことや整備しなければならないことなど課題がどんどん見つかってきます。そして、その多くが作業を増やす方向に働くものになっていきます。

　しかし、忙しい中でそれらを実施していくことは困難です。いままで行っていなかった仕事を新しくはじめるためには、いままで行っていた仕事をやめなければなりません。そして、やめるということは意外に難しいことなのです。いままで必要であると思って行ってきたことをやめるのですから、非常に抵抗があります。

　やめる力を強化するために、**「計数値目標」** を設定します。

　計数値目標とは、簡単に言うと、人数、個数、件数、回数など、1、2、3というように指折り数えられる数値（自然数）で設定した目標のことです。

　計数値目標によって"いま行っている○○を週10回から半分やめて週5回にする"というような目標を設定し、何をどれだけ減らすのかを明確にします。計数値として指折り数え

られるものであるために、減ったかどうかがはっきりとするわけです。さらに、減らすためには闇雲にやめるわけにはいかないので、何をやめ、何を残すのかを考えていかなければなりません。その時の判断基準が顧客にとっての価値ということになります。計数値目標を設定することで、やめる力と顧客価値の思考力を共に強化していくことになります。

　計数値目標がよくて、計量値目標が悪いわけではありません。「1時間を30分にする」のような目標だと達成したとしても、本当にやめたかどうかわからないのです。やめる力を強化するには計数値目標を設定すると効果的なだけです。

▶「計数値目標」のイメージ

やめられるモノを探すのではなく、顧客にとって価値の低いモノをやめる対象とします

目標：部門内で行われている 会議 を減らす。

10回／週 → 5回／週

やめて0回にすることにとらわれず、回数を半分に減らすことを考えます

生産性の見える化で
改善状況が診断できる

"仕事の生産性"の「見える化」

　オフィスワークにおける改善はその成果をなかなか測定しづらいものです。改善によって生産性が高まっているのかを「見える化」して、的を射た効果につながる改善をできるようにする必要があります。

　改善活動における生産性の測定は、その職場が改善によってどの程度生産性が高まったかがわかればOKです。他の職場と比較できるような生産性の測定は必要ありません。あくまで、同一職場がある時点からどのくらい高まったかを測る**相対的生産性測定**とします。

　まず、各作業の標準時間を決めます。実際の時間と同じくらいの時間が望ましいですが、正確性を追求する必要はありません。ある時点を100としてどのくらい高まったかを見るだけなので、スタートの数値は、決めればいいだけです。

　実際に作業をしたら、1日にやった作業の標準時間の合計を1日の労働時間で割ると、相対的生産性が算出されます。これを繰り返し、1日でやれる作業の標準時間の合計値が徐々に増えれば、生産性が高まっていることになります。

▶ 生産性の推移を確認する

STEP① タスクカードを集める

1日の作業終了後、完了した作業カードをタスク管理ボードから集める

STEP② タスクカードに実績を記入

作業カードに実績を記入する

作業カード

作業種別：営業事務
分　　類：見積もり作成
作業内容：
　ABC商社向けRX製品の見積もり作成
標準時間：1.5h
実 時 間：1.8h
実 了 数：9月2日
担　　当：松井

作業内容の追加があれば書き足す

STEP③ エクセルなどに入力して集計する

エクセルなどに入力して集計する

$$\text{相対的生産性（係数）} = \frac{\text{1日の標準時間の合計}}{\text{1日の労働時間の合計}}$$

STEP④ グラフを作成する

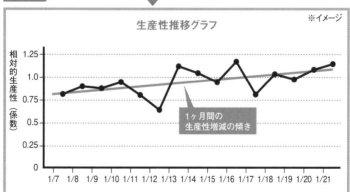

※イメージ

生産性推移グラフ

相対的生産性（係数）

1.25 / 1.0 / 0.75 / 0.5 / 0.25 / 0

1/7 1/8 1/9 1/10 1/11 1/12 1/13 1/14 1/15 1/16 1/17 1/18 1/19 1/20 1/21

1ヶ月間の生産性増減の傾き

改善行動の「横展開」が ムダの削減に効果的

"効果"の「見える化」

　オフィスワークの仕事は、量産ラインの作業のように同じ作業の繰り返しではありません。ですから、あるひとつの作業を改善しても、改善によって得られる効果は小さなものとなります。オフィスワークの改善効果を大きくするには、**改善対象を作業から行動に変えます。**

　作業は、行動と対象に分解できます。「行動の改善」を行い、その行動改善を適用できる対象を増やします。そうすれば、対象の数だけ効果が出ます。

　まず、改善によって、他の作業にも応用できる「行動の改善」を明らかにします。次に、「行動の改善」を適用できるもの（水平の展開対象）をリストアップします。

　リストアップした水平展開対象の作業に「行動の改善」を適用します。「行動の改善」を適用した水平展開対象の作業の出現頻度を算出し、改善効果を見積もります。「行動」を改善することを心がけて、対象を変えて行動を改める改善をしていけば効果は数十倍になります。

▶ 行動を改善し、効果を何倍にもする

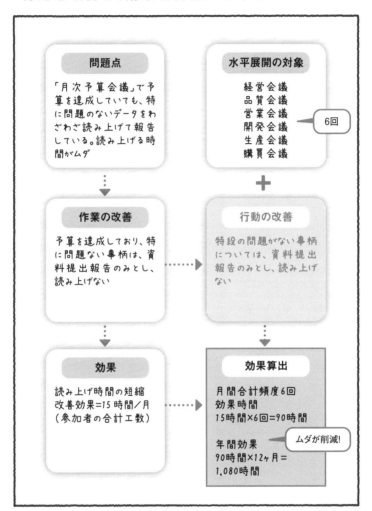

問題点

「月次予算会議」で予算を達成していても、特に問題のないデータをわざわざ読み上げて報告している。読み上げる時間がムダ

水平展開の対象

経営会議
品質会議
営業会議
開発会議 ← 6回
生産会議
購買会議

作業の改善

予算を達成しており、特に問題ない事柄は、資料提出報告のみとし、読み上げない

行動の改善

特段の問題がない事柄については、資料提出報告のみとし、読み上げない

効果

読み上げ時間の短縮
改善効果＝15時間／月
（参加者の合計工数）

効果算出

月間合計頻度6回
効果時間
15時間×6回＝90時間

年間効果 ← ムダが削減！
90時間×12ヶ月＝
1,080時間

改めた行動によって、従来の行動がどのように変わって、作業が楽になるのかをイメージし、その楽になる状態が他の作業に適用できるか、ひとつずつ考えていきます

ムダな時間を把握し
労働可動率を高める

"労働時間の可動率"の
「見える化」

　１日の仕事の内訳を分析してみると、労働時間の60％〜80％しか自分たちの本来業務に使っておらず、残りの20％〜40％は打ち合わせや確認など、本来業務ではないものに費やされています。

　本来業務の効率化も必要ですが、労働時間における本来業務への利用率＝**可動率**（べきどうりつ）を「見える化」し、本来業務の時間を食いつぶしている作業を減らし、本来業務に費やす時間を多くする**可動率改善**も大切です。

　可動率改善は、まず、自分たちの職場がやらなければならない本来業務をリストアップし、本来業務についてみんなで認識を合わせます。

　リストアップされた本来業務についての実作業時間を３日間程度記録し、集計して本来業務以外の時間の比率を求め、可動率改善の意味と効果を確認します。本格的な改善は、正味・非正味作業の分析によって行っていきます。ここでは、可動率改善への取り組み意識をつくるのが目的ですから、手間をかけずに簡単にデータをとる方法とします。

▶ 本来業務の割り出し方

STEP① 本来業務の工数を記録する

本来業務リスト／記録シート

部門名	営業管理課				担当：
主な役割	営業事務全般、営業活動の計画と実績管理				松井
区分	本来業務	工数			
		4月12日	4月13日	4月14日	合計
営業事務	・見積書作成	1.3	0.7	0.4	2.4
	・交通費処理	0	0	1.2	1.2
	・受注契約書作成	0.3	0	0	0.3
	・購買契約書作成	0	0.4	0	0.4
	・商品発注	0	0	0.5	0.5
	・納品管理	0.3	0	0	0.3
	・棚残管理	0.1	0	0	0.1
					0
					0
					0
	合計	2.0	1.1	2.1	5.2

STEP② 本来業務工数の割合を算出

エクセルなどに入力して集計し、チームの総労働時間における本来業務工数の割合を算出する

その他 47%　本来業務 53%

※集計イメージ

本来業務とは必ずしも〝やらなければならないもの〟ではなく、〝顧客に何らかの価値を提供するためにアウトプットを生み出しているもの〟のことです

自分たちの弱さを知り カイゼンを加速せよ

"管理・改善レベル"の「見える化」

　管理・改善の基盤力（マネジメント基盤力）アップには、自分たちの弱さを認識し、自分たちの成長のためのステップを明らかにすることが大切です。現状を認識したうえで、成長プロセスに沿った的を射た成長のために、管理・改善レベルの「見える化」が必要となります。そのしかけは**「管理・改善レベルセルフチェックシート」**です。

　全社あるいは部門単位で管理・改善レベルの評価基準を持ち、管理・改善の成長プロセスを明示します。例えば、改善活動が全員参加の活動となり、改善活動の見える化ができ、改善のコミュニケーションが活発になるというように、成長していく段階を成長プロセスとして定義します。各成長段階の区分ごとの評価項目をチェックシート化して、自分たちの職場を評価します。改善活動を行う中で、定期的にチェックしていき、成長ができているか確認します。

　管理・改善レベルセルフチェックは、管理者・現場どちらかに偏った評価にならないように結果を持ち寄り調整します。調整した結果をその職場の管理・改善レベルとし、どこ

まで向上させるのか目標を立て、改善活動を行います。

▶ 管理・改善レベルセルフチェックシートの例

本部	部門	チーム	チェック者:		チェック日　年　月　日

区分	No.	項目	チェック	備考
全員参加	1	改善の必要性を全員が認識できている。		
	2	スタンディングミーティングに全員が参加している。		
	3	スタンディングミーティングでメンバーから発言がある。		
	4	改善に関するミーティングでメンバーから発言がある。		
改善活動の見える化（改善ボード）	5	改善の目的・方針・目標が設定され、共有されている。		
	6	活動体制があり、全員の役割が明確になっている。		
	7	改善活動への参加状況が一目でわかる。（活動星取表など）		
	8	成長プロセスが明示されている。		
	9	活動ルールが設定されている。		
	10	結果指標が設定されている。		
	11	管理指標が設定されている。		
	12	合目的行動を行う中で、異常の見える化ができている。		
コミュニケーション、場づくり	13	スタンディングミーティングが毎日行われている。		
	14	改善に関するミーティングが定期的に行われている。		
	15	改善に関するミーティングが週1回行われている。		

区分	No.	項目	チェック	備考
改善 ストーリー	16	（方針管理から）目的・方針・目標に整合した流れがある。		
	17	目的・方針・目標と整合した行動がなされている。（合目的行動）		
改善の PDCA	18	気づき（ムダ、改善ネタ等）→改善立案→実施→評価・是正のPDCAのしくみがある。		
	19	仕事の見える化（タスク管理）→改善（改善PDCAツール）→効果測定（生産性測定ツール）のPDCAのしくみがある。		
気づき力	20	気づき（ムダ、改善ネタ等）が1件／週・人以上出されている。		
	21	気づき（ムダ、改善ネタ等）が1件／日・人以上出されている。		
5S	22	身の回りの5Sができている。		
	23	共有スペース、共有のものについて5Sができている。		
	24	整理基準や整頓のルールがある。		
	25	5Sについてのルールがあり、5Sが習慣化できている。		
	26	後戻り防止の仕組みがあり、5Sの維持・継続ができている。		
ムダ取り	27	ムダに気づく仕組みがつくられている。（7つの視点のムダ、4ME等の視点の明確化、ツール等）		
	28	ムダについてなぜ×3回で原因の追究がなされている。		
	29	ムダについてなぜ×5回で原因の追究がなされている。		
	30	業務を洗い出し、正味／非正味の定義ができている。		
	31	定義した非正味について、ムダ取り改善に取り組んでいる。		

> 「5S」とは、「整理」「整頓」「清掃」「清潔」「しつけ」の頭の文字をとったもので、職場環境を整えるための5つの要素のこと

区分	No.	項目	チェック	備考
仕事の見える化、平準化、標準化	32	タスク管理の作業カードが作業レベルになっている。(作業内容が見える仕組みがつくられている。)		
	33	作業カードに目的が記載されている。(仕事の目的の見える化)		
	34	職場としての仕事の優先度・重要度が一目みてわかる。(仕事の優先度・重要度の見える化)		
	35	職場としての仕事のアウトプットが定義され、作業のアウトプットが作業カードで明確になっている。(仕事のアウトプットの見える化)		
	36	相互の仕事を共有している。(仕事の体制の見える化)		
	37	相互の負荷状況を共有している。(仕事の体制の見える化)		
	38	タスク管理から異常を検知することができている。		
	39	タスク管理によって負荷の片寄りが調整できている。		
効果の見積もり	40	改善効果(獲得したリソース等)を見積もることができている。		

改善効果をもっと高め、成果につなげる方法

"成果"の「見える化」

　改善を進めていくと一定の効果が出てきます。しかし、その効果は何もしなければ経営的な成果には結びつきません。

　例えば、Xプロジェクトの業務改善をして20％生産性が上がっても、プロジェクトの人数がそのままなら、人件費は減らず、経営数値上では生産性は上がったことになりません。生産性が上がったなら、その分の人を減らすか、仕事を増やさなければ、改善効果は経営数値に反映されないのです。5人チームなら1人減らすことで20％の生産性が人件費の削減として表れます。

　改善によって生産性などの効果が上がったときは、その効果をもぎ取るプランを立て、経営数値に効果が表れるようにしましょう。

　もぎ取りには、効果が出た分、人を減らすものと、仕事を増やすものがあります。**改善報告書には、改善効果を経営数値に反映するためのもぎ取りプラン**を立てて、実行しましょう。

　もぎ取りプランは、運用を誤ると労働強化となる場合があ

ります。改善効果がすぐ浸透しない場合などを考慮し、徐々にもぎ取る量を増やし、改善効果の浸透スピードに合わせていきましょう。また、もぎ取りプランの多くは、人事にも関わるので、相応の管理権限を持った責任者の下で行うとともに、一方的な押し付けとならないように、職場で働く人たちの間でコンセンサスを得て実施するようにしましょう。

▶ **人や仕事をもぎ取って経営的な成果につなげる**

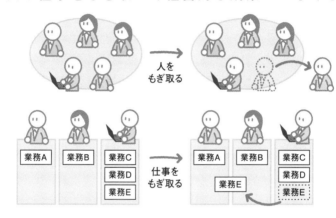

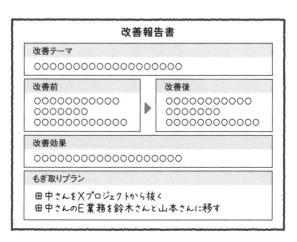

やるべきこと
やらないことを整理する

"フロントオフィス業務"の
「見える化」

　本来業務のことを**フロントオフィス業務**と呼びます。

　仕事を計画してその進捗の管理や問題解決、調整をしていると、周りからもそれを必要とされることから、それが自分たちの本来業務と思ってしまう人がいます。自分たちの仕事を戦略的に見直したり運用したりする視点が消え、予定調和スタイルになってしまいます。

　自分たちのフロントオフィス業務を「見える化」して、顧客価値を高め続けるための戦略行動を追求していく必要があります。

　フロントオフィス業務として抜けることが多い、企画、戦略、政策、専門サービスなどのキーワードを用いた「**フロントオフィス業務評価シート**」を使って、自分たちの本来業務について再考して洗い出しをします。

　本来業務を洗い出した時、これは自分たちの仕事なのか否かという視点で考えるのではなく、自分たちがやらなかったら誰がやるのかという視点で考え、他にやる人が浮かんでこなければ、自分たちの仕事であると思うようにします。

▶「フロントオフィス業務評価シート」の例

区分	No.	項目	チェック	備考
企画	1	その仕事は、新たなビジネスを創出する企画である。		
	2	その仕事は、現在の仕事の価値を高める変革テーマである。		
	3	その仕事は、現在の仕事のプロセスを根本から変えるものである。		
	4	その仕事は、自動化など技術革新を進めるものである。		
戦略	5	その仕事は、経営戦略に沿ったテーマである。		
	6	その仕事は、競合を凌駕するために必要な仕事である。		
	7	その仕事は、新たな顧客・マーケットを対象とした仕事である。		
	8	その仕事は、組織の戦略的機能向上を果たすための仕事である。		
	9	その仕事は、事業提携などの連携度を高めるテーマである。		
	10	その仕事は、撤退・分割などの事業の集中度を高めるテーマである		
政策	11	その仕事は、組織の価値観や文化を高めるために必要なものである。		
	12	その仕事は、業界や取引先との関係性を高めるためのものである。		
	13	その仕事は、行政機関との関係性・信頼性を良好にするものである。		
	14	その仕事は、社会的責任を果たすために必要なものである。		
専門サービス	15	その仕事は、専門性が高く、他に実施できる者がいない仕事である。		
	16	その仕事は、競争力ある専門性を高めることに寄与するものである。		
	17	その仕事は、未知な専門領域を開拓する仕事である。		
	18	その仕事は、新たな法則や技術を発見する研究業務である。		
	19	その仕事は、権利保護に必要な仕事である。		

ムダな調整・確認作業をチャートであぶり出す

"ミドルオフィス業務"の「見える化」

　管理・調整・手配業務のことを**ミドルオフィス業務**と呼びます。

　ミドルオフィス業務は、プロセスが多段階になり複数部門をまたぐほどに増えていく傾向にあります。ミドルオフィス業務のプロセス間、部門間における管理・調整業務を「見える化」し、プロセスを自己完結型、単一部門一気通貫型へと改善。管理・調整・手配業務を減らし、ミドルオフィス業務のスリム化を追求する必要があります。

　「ミドルオフィス業務プロセスチャート」で、プロセス間や部門間の管理・調整・手配業務の洗い出しを行います。

　洗い出された管理・調整・手配業務について、プロセスの統合や廃止、担当部門集約で管理・調整・手配の回数を減らす手段を検討。改善案をプロセスチャートに反映してミドルオフィス業務のスリム化を行います。

　仕事の流し方を一個流しスタイルにすることによって、仕事の品質低下をさせずに管理・調整業務を劇的に減らすことができます。

▶「ミドルオフィス業務プロセスチャート」の活用例
（リース契約更新の場合）

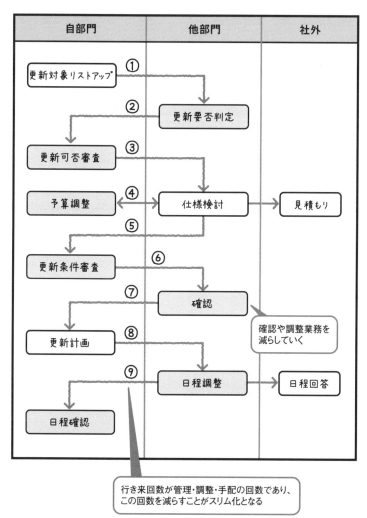

自部門	他部門	社外

① 更新対象リストアップ

② 更新要否判定

③ 更新可否審査

④ 予算調整 ← 仕様検討 → 見積もり

⑤

更新条件審査 ⑥

⑦ 確認

更新計画 ⑧

確認や調整業務を減らしていく

⑨ 日程調整 → 日程回答

日程確認

行き来回数が管理・調整・手配の回数であり、この回数を減らすことがスリム化となる

確認・調整
作業

定型業務はカードで整理し合理化を徹底する

"バックオフィス業務"の「見える化」

　繰り返し性のある定型業務のことを**バックオフィス業務**と呼びます。

　標準化することが容易なため、システム化やシェアードサービス利用でコストダウンできますが、業務が複雑化していく中でミドルオフィス業務と絡み合い、バックオフィス業務単独でのコストダウン施策を困難にしています。

　ミドルオフィス業務と絡み合うバックオフィス業務を「見える化」し、取り出すためには、**各作業内容をカード化して、その実行順に並べていくプロセスマップ**を使います。

　ミドルオフィスとバックオフィスの区別なく作業をカード化していきます。各カードをミドルオフィスとバックオフィスに仕分けて、バックオフィスの作業ができるだけ連続して行われるように並べ替えます。ミドルオフィスと分離して取り出し、まとめて、標準化してコストダウン施策を適用します。

▶ プロセスマップでバックオフィス業務を整理
（商品の配送業務の場合）

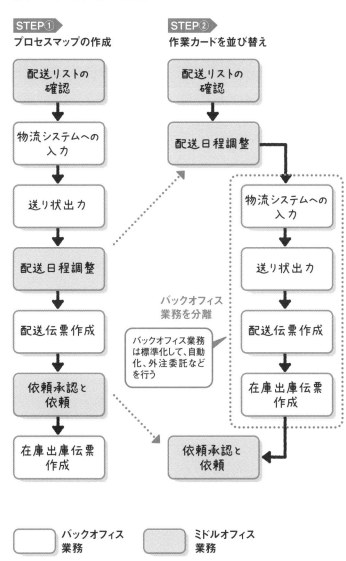

STEP①
プロセスマップの作成

配送リストの
確認
↓
物流システムへの
入力
↓
送り状出力
↓
配送日程調整
↓
配送伝票作成
↓
依頼承認と
依頼
↓
在庫出庫伝票
作成

STEP②
作業カードを並び替え

配送リストの
確認
↓
配送日程調整

物流システムへの
入力
↓
送り状出力
↓
配送伝票作成
↓
在庫出庫伝票
作成

バックオフィス
業務を分離

バックオフィス業務
は標準化して、自動
化、外注委託など
を行う

依頼承認と
依頼

バックオフィス
業務

ミドルオフィス
業務

1日の時間の使い方を効率的に改善する

"仕事の割合"の「見える化」

　どの仕事から改善をするのか決める時、自分たちの感覚ややりたいことといった主観で決めてしまいがちです。しかし、日々の業務の中で、一番多くの時間を費やしているものを改善することが効果的です。効率的な改善を進めるためには職場の仕事の割合を「見える化」し、自分たちが感じていることと事実の違いを認識する必要があります。

　仕事の割合を「見える化」するためのしかけは、**「ワークタイムシート」**です。ワークタイムシートは、5分ごとの時間軸で区切られており、何時から何時まで何の作業を行ったかを書き込むだけで1日の実作業時間を計測することができるシートです。実際に計測をしてみると打合せやメールの確認など、本来行うべき仕事以外の作業に多くの時間を費やしているのが見えてきます。

　各々の職場の仕事サイクルに合わせて、週単位や月単位で仕事の割合がどのように変化していくのかを、円グラフなどに起こして見ていきます。具体的な数値の推移を確認することができるため、的を射た改善を進めることができます。

割合が大きいものから順に改善を行います。様々な改善を並行して進めると、どの改善がどの効果となって現れているのかが見えなくなってしまいます。

▶ 各作業の時間を計測して、作業の割合を算出

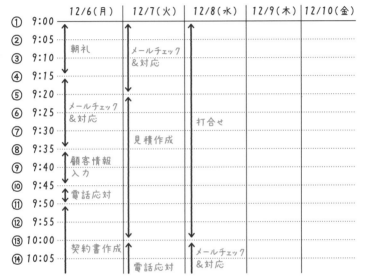

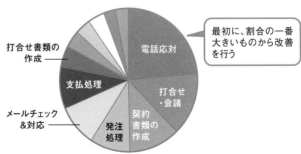

顧客のリスク低減を意識
それが信頼につながる

"顧客へのムダ"の「見える化」

　仕事は、商品やサービスを通じて、顧客へ価値を提供することです。しかし、自分たちの都合や必要性から、顧客に価値を提供しない、関係のない仕事に時間を費やしていることは少なくありません。そのような仕事に時間を割いては、コストアップになるだけでなく、顧客から見放され、売上げも下がります。

　仕事を**顧客に価値を提供できているか否かで見て、価値の提供できていない作業をやめる改善**をはかりましょう。

　最初に改善対象とする仕事を決め、その仕事の顧客を明確にします。総務、人事など社内向けサービス提供部門は、社員が顧客となります。

　次に、仕事の目的、アウトプットを明確にします。明確にした目的とアウトプットが顧客に対してどのような価値を提供しているのかを話し合って、顧客への提供価値を定義します。

　さらに、仕事の詳細作業をリストアップ。顧客への価値の提供に貢献しているか評価します。

　価値の提供に貢献できていれば「○」、できないケースが
あれば「△」、貢献していなければ「×」とし、「△」「×」
に対して改善案を考えます。

　改善は、その作業をやめる方法を基本とします。やめられ
なければ、その作業から新たな価値を提供する方法を考えま
す。類似の仕事は代表的な仕事で分析し、検討結果から類似
の仕事へ改善案を横展開していきます。

▶ 顧客への価値の提供状況を洗い出すシートの例

作業項目	アウトプット	詳細作業内容	価値提供貢献度	貢献度評価理由と改善案
接客での商品説明	商品説明 ・特徴と内容 ・競合商品との違い ・価格	・世間話	×	顧客にムダな時間を取らせる。世間話はしないようにする。
		・顧客のほしい商品のニーズのヒアリング	○	
目的	顧客への価値	・今、購入したい理由のヒアリング	○	
顧客に商品を購入したいと思わせる	・顧客がほしいと思える商品か否かの判断材料の提供	・商品パンフレットを渡す	○	
		・商品概要の説明（競合との比較を含めて）	○	
		・商品の詳細説明	△	一方的な詳細説明は、顧客に不要な情報を与える。顧客が知りたいことを質問で受けて詳細説明する。
		・サポートサービスの説明	○	
		・質疑応答	○	
		・見積もりの提示	○	

○：価値提供に貢献している
△：価値提供に貢献できないケースがある。
×：価値提供に貢献していない

顧客のリスクを低減することも価値とします

「改善ボード」を使って改善意識を一気に高める

"改善活動"の「見える化」

　仕事に追われていると、必要以上の負担感から、改善がおろそかになります。

　改善は毎日少しずつ行うもので、週に1回まとめて考えたりするものではありません。日々の仕事の中での工夫を促すために、自席から自分たちの職場の改善が、どこに向かって、どのように進んでいるのか見える必要があります。

　改善活動を「見える化」するツールは**「改善ボード」**です。「改善ボード」は、改善活動の目的・方針・目標、成長プロセス、活動体制、活動ルール、結果指標、管理指標、課題管理ツールなどのつながりや改善活動の進み具合をわかるようにしたものです。

「改善ボード」は1回作ったら完成ではありません。結果指標と管理指標の関係性から改善活動における異常を検知したりして、改善活動の見直しを行っていくことが重要です。また、ボード前で、毎日、スタンディングミーティングを実施し、気づきの共有や改善PDCAの進行、改善効果などについて、全員で共有する場を持つことも改善意識を高めることにつながります。

▶「改善ボード」のイメージ

壁に貼り出す場合、各シートのサイズはA4程度とし、2〜3メートル離れた場所からも読み取れる字の大きさにする

考え方・概念、ステップ、推移などが一見して理解できるようなイメージ図やグラフを活用して表現することが望ましいです

「見られている」ことが モチベーションを高める

"見られていること"の 「見える化」

　改善活動は他の人から見られている、上司が見てくれていると、活動があと押しされます。

　見られていることの「見える化」のツールは**コミットメントシート**です。

　コミットメントシートは、日付、職場へのコメント、コメント者名（署名）、コメントに対するフォロー、フォロー者名からなります。職場巡回や他の業務で訪問があった時に、訪問者に改善に対する感想・意見・励ましなどをコメント欄に記入してもらい、それを受けて職場が必要な行動を取り、その内容をフォロー欄に記入します。

　コミットメントシートは職場に掲示しておきます。訪問者はコメントを自由に記入でき、職場のメンバーも内容をタイムリーに共有することができます。また、一人分ずつ短冊状にして、訪問者に配布し、あとから回収することで、より多くの人に記入してもらいやすくなります。回収したものは、職場に掲示してあるコミットメントシートに貼付しておき、職場のメンバーと共有できるようにします。

▶「コミットメントシート」の活用例

日付	コメント	署名	フォロー	フォロー者
○月□日	方針と目標から、みんなの改善への思いと意気込みが感じられました。期待しています。	山下	メンバーでコメントを読み上げ、方針と目標の思いと意気込みを確認しあいました。	佐藤
○月□日	全員、改善提案を出していて、全員参加の活動になっていることを確認できました。全員で協力し合う雰囲気づくりを大切にしてください。	高松	全員での協力が重要であることをミーティングで確認しあいました。	佐藤
○月△日	○○の改善内容は、大変、独創的で、他の模範になるものと思います。他にも是非紹介して広めてください。	山下	改善リーダーを集めて、個々によい改善案を紹介しあう相互レビュー会を定期的に行うことにしました。	佐藤

> コメントとフォローの対応関係がわかるような書式にする

経営陣や管理者は、活動の中身を見て叱ったり褒めたりすることが重要です

失敗は恥よりもむしろ宝 全員で共有しよう

"失敗"の「見える化」

日々の仕事においてミスや失敗はたくさんあります。

これら失敗体験を忘れず学習につなげていくためには、失敗を「見える化」する必要があります。

勘違いや失敗に気づいた段階で、すぐに書き留めます。それらを**「チェンジボード」**に貼り、一人の経験としてではなく、他のメンバーと共有することで再発防止に努めます。

どういった"失敗"をしてしまったのかと、失敗までは至らなかったが間違いに気づかなければ大変なことになっていたかもしれない"ヒヤリハット"について、各自書き出します。一日の最後に思い出して書くのではなく、どんな些細なことも逃がさず瞬時に書き出せるように、全員に付箋紙を配布しておきます。

失敗は事の大中小に分けて貼り出します。出てきた経験や気づきを朝礼やミーティングなど共有できる場で発表し、注意を呼びかけます。毎日行うことがポイントです。大きな影響を与えるものに関しては、週に1度話し合いの場を設け、再発防止のための対策を考えて実施して定着をはかります。

▶ 失敗を財産に変える「チェンジボード」の活用法

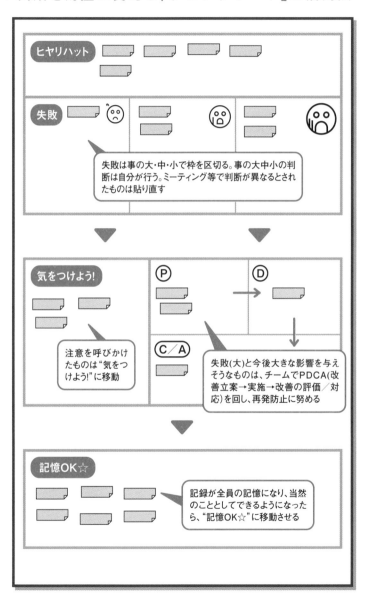

ひとりのすごい経験を
みんなの財産にする

"褒め"の「見える化」

　個人の持つ知恵の多くは頭の中で暗黙知となっており、他のメンバーと共有されることがありません。特にオフィスワークにおいては、属人化しており、他のメンバーがどのような手順・方法で業務を行っているのか見ることができず、基準が自分だけになってしまいます。よい仕事とはどういったことなのか考え、仕事に対する意識を高めるには、暗黙知となっている知恵を「見える化」し共有することが必要です。

　人に感謝されたこと、褒められたことをその都度付箋紙に書き留め、記録します。それらを「ピースボード」に貼り付け、一見して他のメンバーの知恵を見えるようにします。

　経験や気づきは褒められ度の高さに分けて貼り出します。それらを朝礼やミーティングなど共有できる場で発表し、内容によって"これはすごい！"と"ナイスアイディア"に振り分けます。他のメンバーに客観的に褒められることで、仕事における自分の長所に気づき、その部分を伸ばす努力をするようになります。また、共有した知恵を活かした仕事をチーム全員ができるように努め、定着をはかります。

▶ 褒められ経験を習慣に変える
「ピースボード」の活用法

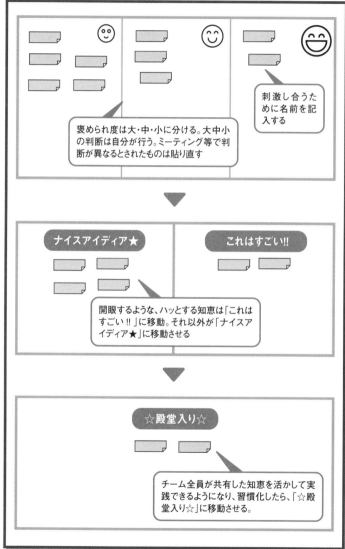

振り返りのクセが 飛躍を生む一歩となる

"振り返り"の「見える化」

　組織としての振り返りの「見える化」の方法は「**KPT**」です。

　K は Keep、P は Problem、T は Try の頭文字です。現地現物現認したものとそれまでの活動を振り返り、K によかったので継続すべき自分の行動、次に P に問題だった自分の行動や職場の状態などを挙げます。そして、T には次にやってみる、試してみる行動を挙げます。KPT それぞれを付箋紙に短い文章で記入し、模造紙などの用紙に貼付して、振り返りの内容が目で見てわかるようにします。同じ活動においては、模造紙などの用紙はずっと使い続けます。

　人は、問題点は比較的よく挙げることができます。KPTでは、P だけでなく、K と T を出すことがよいところです。やり続けること、問題、新たにやってみることを出して学習サイクルを回し続けます。

　また、振り返りでは問題に対する自分たちの行動という視点を大切にします。過去のできごとと行動を振り返り、次の行動につなげます。

▶「KPT」を活用した振り返りの見える化

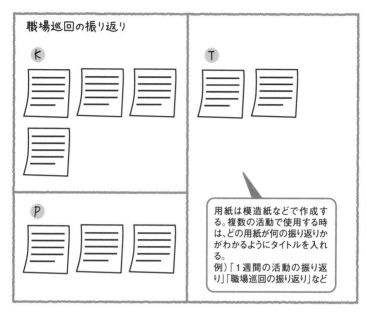

職場巡回の振り返り

用紙は模造紙などで作成する。複数の活動で使用する時は、どの用紙が何の振り返りかがわかるようにタイトルを入れる。
例）「1週間の活動の振り返り」「職場巡回の振り返り」など

K
活動への参加意識を高めるために、チームメンバーに巡回で発表してもらったら、担当だけでなく、他のメンバーの意識も上がった。

10/15　宮下

問題への対策は、手遅れにならないうちに行う必要があります。そのために振り返りは1週間サイクルのように短いサイクルで行いましょう

貢献度も瞬時にわかる
振り返りツールを活用
"目的に対する振り返り"の「見える化」

　目的がないままでの振り返りは、自分たちの主観での振り返りです。仕事は目的に向かって行うものですから、目的に対する振り返りを行う必要があります。

　目的に対する振り返りを「見える化」する方法は、**「ベクトルＫＰＴ」**です。左下から右上に向かって矢印を引いた用紙の右上にめざす姿・目的を記載し、それに向けて「ＫＰＴ」（198ページ参照）を行います。Ｋは矢印上に配置し、めざす姿に近いほど、その実現により貢献することを表します。Ｐは矢印より下側に配置し、めざす姿に近いほど阻害要素が大きいことを表します。Ｔは矢印より上側に配置し、めざす姿に近いほど貢献度が大きいことを表します。また、Ｐ、Ｔともに、矢印に近いほど現実的なもので、遠いほど絵空事になります。また、矢印との距離で、重要性や重大性を表すこともあります。

　「ベクトルＫＰＴ」は、目的を含めて振り返り、目的の達成に重要な行動（合目的行動）を明らかにし、実践して、現地・現物・現認で学習サイクルを回していきます。なお、現地・現物・現認を意識した「ＫＰＴ」を経ずに、いきなり「ベク

トルKPT」を行うと、計画ありきの活動になるので気をつけましょう。

▶「ベクトルKPT」の活用例

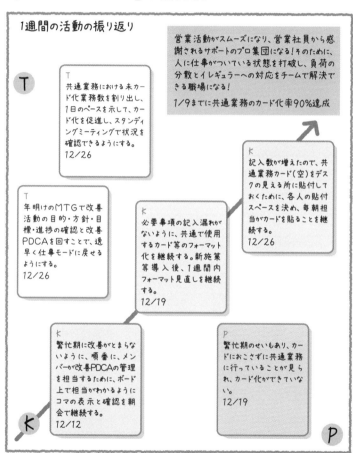

1週間の活動の振り返り

T

T
共通業務における未カード化業務数を割り出し、1日のペースを示して、カード化を促進し、スタンディングミーティングで状況を確認できるようにする。
12/26

T
年明けのMTGで改善活動の目的・方針・目標・進捗の確認と改善PDCAを回すことで、逸早く仕事モードに戻せるようにする。
12/26

営業活動がスムーズになり、営業社員から感謝されるサポートのプロ集団になる！そのために、人に仕事がついている状態を打破し、負荷の分散とイレギュラーへの対応をチームで解決できる職場になる！

1/9までに共通業務のカード化率90%達成

K
記入数が増えたので、共通業務カード（空）をデスクの見える所に貼付しておくために、各人の貼付スペースを決め、毎朝担当がカードを貼ることを継続する。
12/26

K
必要事項の記入漏れがないように、共通で使用するカード等のフォーマット化を継続する。新施策等導入後、1週間内フォーマット見直しを継続する。
12/19

K
繁忙期に改善がとまらないように、順番に、メンバーが改善PDCAの管理を担当するために、ボード上で担当がわかるようにコマの表示と確認を朝会で継続する。
12/12

P
繁忙期のせいもあり、カードにおこさずに共通業務に行っていることが見られ、カード化ができていない。
12/19

K

P

最初に、めざす姿・目的を明示します。P、Tの配置で、視覚的に、貢献度や重要度、現実性などを表します

不満解消の秘訣は
客観的に見ること

"不満"の「見える化」

　改善活動の初期には、改善ネタではなく、不満ばかりが挙がり、改善が進まないということがあります。ただ不満を言っているのは、建設的ではありません。自分たちの出した不満を客観的に見て、解消に向かわせることが大切です。

　不満が解消に向かっていることを「見える化」するしかけは、**「不満解消ボード」**です。

　縦軸に改善にかかるコストの大小、横軸に改善の効果の大小を取り、4つに区切った"不満の壁"に、不満を書いた付箋紙を貼り出していきます。この時、自分の書き出した不満について、改善を行った場合のコストと効果をある程度見積もり、それに応じて、貼る位置を決めます。

　不満という感情に流されるのではなく、数値を含めた見積もりを行うことで、客観的に不満を見つめることができます。その不満にとらわれていること自体がムダで、つまらないことに思えてきて、他の有意義なことに目を向けることになります。これが、ある種の不満解消につながります。

　貼り出した不満は、右上の改善コストが低く改善効果が高いものから改善を検討します。週1回の不満解消会を実施し、

そこで選択した不満ネタに対して、何が、いつ、どのように、なぜ、と不満原因を探究しながら、自分たちでできる解決策を考え、異なる色の付箋紙に記入します。不満ネタと解決策をセットにし、"実践中"に貼り、実践します。また、不満解消度の多数決をとり、半分の人が解消したと答えたら"あと一歩"、全員が解消したと答えたら"解消"と、実状にあわせて移動させていきます。

このサイクルを何度も繰り返すことで、不満を他人のせいにし、何とかしてもらおうという考えから、自分たちのできる範囲で解消していこうとする意識に変わっていきます。

▶「不満解消ボード」の活用例

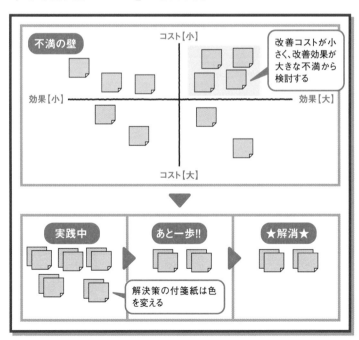

ムダに気づかなければ何も始まらない

"自責のムダ"の「見える化」

　仕事で成果を出すためには、自分の仕事をする時の行動を変えていかなければなりません。しかし、「しくみや制度が悪い」「環境に問題がある」など「他責のムダ」ばかりが目について、自分の行動における「自責のムダ」に気づかない傾向があります。

　自責のムダを「見える化」して、自らの行動を振り返る必要があります。

　そのためには、自分の行動における異常行動に目を向けていくことが大切です。異常行動には「やり直し」「追加」「修正」「削除」があります。自分の一日を振り返る**「一日の行動振り返りカード」**で、そのような異常行動をした時に、その場でメモするようにします。

　一日、終わったところでカードを見直して、自責のムリ・ムダ・ムラの有無を検討して、該当すれば気づきカードに書いて改善を開始します。

　「一日の行動振り返りカード」は、目につくところに置いておき、異常行動が起きた時に、カードにメモをすることを失念しないようにすることが重要です。

▶ 1日の行動振り返りカードの活用法

一日の行動振り返りカード

やり直し	修正	追加	削除
	レ		

異常行動の代表視点の「やり直し」「修正」「追加」「削除」を目立つように書いて、自然と意識させるようにする

行動内容: PQR社向け契約書修正

日付: 9月2日　　担当: 松田

気づきカード

行動のムリ・ムダ・ムラ:

商品名を見て、ABC社の注文と思い込んで間違えて見積書を作成したことによる後からの修正作業のムダ

ムリ:自分の能力や予定時間を超えたとき
ムダ:価値のない作業、必要のない作業
ムラ:作業品質や時間がばらつき不安定なこと

日付: 9月2日　　担当: 松田

課題は根本的な原因から洗い出してつぶしていく

"なぜ×5"の「見える化」

　問題を解決するためには、原因を突き止めて改善しなければ、問題を根本的に解決することはできません。問題がなぜ発生したのかと問いかけて原因究明する方法を **「なぜなぜ分析」** と言います。なぜを繰り返して原因を掘り下げるのがなぜなぜ分析の特徴です。これを行うしかけが **「なぜなぜサイクルシート」** です。解決したい問題を改善のネタとし、選考した背景を書き出します。背景では、誰が、いつ、どんな場面で、何を困っているのかという視点で整理します。

　続いて、その問題がなぜ引き起こされているか、その原因を **4ME(Man、Method、Machine、Material、Environment)の視点** で洗い出します。4ME の視点で洗い出すことで多面的に原因を探ることができます。

　洗い出した原因の中で、問題を引き起こすことに最も影響のあるものを1回目のなぜ＝原因とします。選んだ原因に対し、同様に4ME の視点で5回繰り返します。5回、なぜを繰り返すことで、問題の真因（根本的原因）にたどり着くことができます。その真因に対して改善を行うことで効果的な根治改善ができるようになります。

▶「なぜなぜサイクルシート」の記入例（一部抜粋）

不満の原因・期待の因子を洗い出します。対処的解決ではなく根治的解決をめざし、5つの視点で、なぜ×5を行い、真の原因の追究を行います。

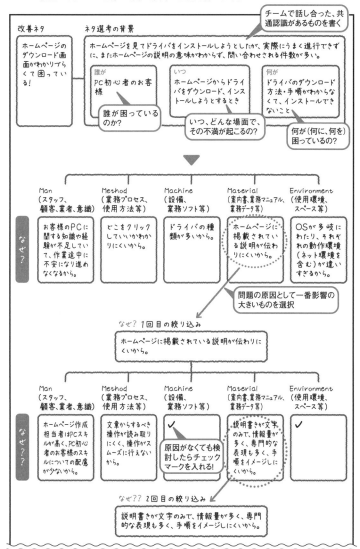

改善ネタ
ホームページのダウンロード画面がわかりづらくて困ってる!

ネタ選考の背景
ホームページを見てドライバをインストールしようとしたが、実際にうまく進行できずに、またホームページの説明の意味がわからず、問い合わせされる件数が多い。

チームで話し合った、共通認識があるものを書く

誰が
PC初心者のお客様

誰が困っているのか?

いつ
ホームページからドライバをダウンロード、インストールしようとするとき

いつ、どんな場面で、その不満が起こるの?

何が
ドライバのダウンロード方法・手順がわからなくて、インストールできないこと

何が（何に、何を）困っているの?

Man（スタッフ、顧客、業者、意識）	Method（業務プロセス、使用方法等）	Machine（設備、業務ソフト等）	Material（案内書、業務マニュアル、業務データ等）	Environment（使用環境、スペース等）
なぜ?	お客様のPCに関する知識や経験が不足していて、作業途中に不安になり進めなくなるから。	ドコをクリックしていいかわかりにくいから。	ドライバの種類が多いから。	ホームページに掲載されている説明が伝わりにくいから。	OSが多岐にわたり、それぞれの動作環境（ネット環境を含む）が違いすぎるから。

問題の原因として一番影響の大きいものを選択

なぜ? 1回目の絞り込み
ホームページに掲載されている説明が伝わりにくいから。

Man（スタッフ、顧客、業者、意識）	Method（業務プロセス、使用方法等）	Machine（設備、業務ソフト等）	Material（案内書、業務マニュアル、業務データ等）	Environment（使用環境、スペース等）
なぜ??	ホームページ作成担当者はPCスキルが高く、PC初心者のお客様のスキルについての配慮が少ないから。	文章からするべき操作が読み取りにくく、操作がスムーズに行えないから。	✓	説明書きが文字のみで、情報量が多く、専門的な表現も多く、手順をイメージしにくいから。	✓

原因がなくても検討したらチェックマークを入れる!

なぜ?? 2回目の絞り込み
説明書きが文字のみで、情報量が多く、専門的な表現も多く、手順をイメージしにくいから。

メンバーのスキルを把握
最適配置で結果を最大化

"個人能力"の「見える化」

　"職場のメンバー全員が同じ能力を持っている"なんてことはあり得ません。新人もいれば、ベテランもいます。数字に強い人もいれば、弱い人もいます。

　職場は得手不得手、経験の有無なども含めて様々な能力を持った人たちの集まりです。その能力を適材適所に配して、みんなの能力を最大限に利用し、足りないところは伸ばしていかなければなりません。そのためには、誰がどのような能力を持っているのかを「見える化」します。

　職場のメンバーの個人能力の「見える化」のしかけは**「スキルマップ」**です。その職場の仕事に必要な能力（スキル）を誰がどのくらい有しているのか、マトリックス図で一見してわかるようにしたものです。

　能力の分布状態を見て、どの分野の能力を高めていくべきか、そのためには誰にどの領域の経験をさせて、能力開発をしていけばいいのかを、容易にイメージできるようにすることが重要です。

▶「スキルマップ」の記入例（システム開発会社の場合）

作業スキル項目	手順書	Aさん	Bさん	Cさん	Dさん
飲料店向け提案作成スキル	○	●			
官公庁向け提案作成スキル					
メーカー向け提案作成スキル	○	●			
...	○	●	♡	☺	●
...			●		
...			●		
...	○		●	●	
...				●	
...	○				●

その作業スキルを習得している者にチェック

その作業スキルの教育を受ける必要のある者にチェック

その作業スキルの教育指導ができる者にチェック

教育用手順書を作成したらチェック

能力の有無は、指導できるレベルかどうかもわかるようにし、指導者が誰であるかを明確にします

目標作りはみんなの頭の中の見える化から始める

"組織目標"の「見える化」

　組織として成果を出すためには、スタッフ個々の連携のとれた行動が重要です。忖度なども減らすべきです。そんな組織行動を生み出すには、"見方を揃え、共通の目標をつくり上げ、それを強く意識すること"が必要です。

　組織目標を「見える化」するには、まず人の頭の中にあるものを出させることからはじめます。個々の思いや考え、意見、また、外部及び内部環境のデータなどを付箋紙に文章で簡潔に書き出します。付箋紙1枚には1つの事柄のみ書きます。それを模造紙などに貼り、グルーピングを行います。上位組織（本部方針、経営方針）から下りてきた目標案に対し、それを、どのように、どの程度盛り込むのか議論します。その中でまとまったものを付箋紙に書き出し、組織のめざす姿の達成までのストーリーを考えながら整理していきます。そして、組織目標に落とし込みます。

　組織目標の「見える化」では、できあがったものを共有することよりも、組織目標をつくるプロセスで**人の考えを明らかにすること**が重要です。その中で価値感やものの見方を揃えていくことが、組織行動につながります。

▶ 組織目標の作り方

STEP① 考えをアウトプットさせる

本部方針	☐ ☐ ☐	
みんなの頭の中のグルーピング		まとめ

付箋紙に書き出す内容は多岐の視点で

STEP② 年度方針と組織目標をつくる

年度方針

・利益体質への変革への基盤をつくる

・AAAのサービス価値向上による顧客への新たな価値の提供で、顧客のファン化に注力する

20XX年度 業務におけるめざす姿と目標

めざす姿（目的）
・市場が縮小する中、競合に勝てる利益体質をつくり上げる
・顧客に選ばれるサービス価値のレベルアップ

目標
・営業利益8,200万円
・新規顧客20件開拓
・AAAリピート率 前年比10%UP

組織目標は、プラスの意識を醸成するために、否定的な表現ではなく肯定的な表現を。またキーワードや短いフレーズを用いる

手順

①付箋紙に本部方針を記入。模造紙の上部に貼りだす。
②付箋紙の個々の思いや意見などを書き出し、内容をグルーピングして模造紙に貼りだす。
③目標案にどう取り組むかを議論し、付箋紙にまとめて、模造紙の右に貼りだす。
④年度方針、組織目標に落とし込む。

能力を高める
目標設定のやり方

"職場能力"の「見える化」

　仕事で結果を出すためには、**「結果を出す力＝業務遂行能力」**を高める必要があります。チームで仕事に取り組む職場は、職場の**「業務遂行能力＝職場能力」**を見える化し、高める取り組みが必要です。

　職場能力を「見える化」するため、「職場能力向上計画」を明確にします。

　まず、業務目標を達成するために、職場の能力をどう向上させるべきか、「めざす姿（目的）・目標」として掲げます。

　そして、能力の高まりを測定する「指標（モノサシ）」も作ります。職場能力の向上には、しくみの導入、教育、配置と割り当ての領域から考え、それらを改善して高めるために何をするのか明確にしましょう。個人の能力を高めるだけでなく、各個人が連携して、相乗効果を発揮できる方法を考えましょう。

　計画は、作って終わりではありません。計画した通りやってみて、うまくいかないところは見直します。計画自体を改善し、計測して職場能力の向上をはかりましょう。

▶「職場能力向上計画」のつくり方（美容サロンの場合）

STEP① 職場のめざす姿と目標を掲げる

めざす姿（目的）
・競合に勝てる利益体質をつくり上げる
・リピーターを創出できるサービス価値のレベルアップ

目標

営業利益（百万）		売上（百万）	リピート率（%）
60	新規顧客	220	
	リピーター 2回以上	290	80
	リピーター 3回以上	140	65
	全体	650	72.5

STEP② 指標を組み込んだ「職場能力向上計画」を作成する

めざす成長の姿（成長目的）
・利益体質を高めるための生産性向上
・接客サービスを高めるための認識力と提案力の向上
・これらを実現するために、管理・改善の基盤力を上げる

成長目標
［生産性］20%UP（9月末時点）
［認識力］顧客の顔、氏名、前回の施術内容の認識率 100%
［提案力］2回に1回の顧客への新規提案に対する応諾率 50%
［商品知識力］部門内認定2級合格率 85%以上（10月末まで）

> 目標は品質、コスト、納期、安全の観点で明確に。能力の高まりの程度がわかる指標（率、回転など）を使う

管理者からのトップダウンにはしません。職場の現状を踏まえ、職場のスタッフと調整・決定し、現場に考えさせる余地があるものにします

曖昧な役割も見える化で やる気が高まる

"役割"の「見える化」

　定型作業を行うバックオフィス業務では、オペレーションの担当割が役割を示すことになります。戦略・企画・開発・営業などのフロントオフィス業務でも、役割は比較的明確です。しかし、管理・サポートを行う**ミドルオフィス業務**では、役割が曖昧なことが多いです。

　例えば、営業管理部の役割は、「売上目標○○億円達成」ではなく、「営業部に売上目標○○億円を達成させること」です。しかし、営業管理部スタッフの中には自分の担当作業をこなすことが仕事の目的になっている人もいます。

　管理・サポートを行う部門や管理者の役割は、単に作業をこなすことではないはずです。主体性を高めるために、役割を明確にすることが必要です。

　役割を「見える化」するには、口頭ではなく紙で仕事の指示を行う**「業務指示カード」**に仕事のアウトプットを記載します。変化していく環境の中で、お互いがお互いに変化する役割を認識し合うことが重要です。

▶ 業務指示カードの例

業務指示カード

業務内容:
ABC事業部のパフォーマンスの向上を
推進・支援する

アウトプット:
ABC事業部のパフォーマンス10%UP

MEMO:

担当: ●●●●●

**仕事のアウトプットの定義は個人任せではなく、組織として明確
にします**

他部署との「つながり」を しっかり把握しておく

"つながり"の「見える化」

　組織では機能と機能が連携して仕事をしています。自分たちの仕事のアウトプットが何であるのかはみんなわかっていますが、そのアウトプットが次にどこでどのように処理されるのかを知らずに、自分たちの都合のよいアウトプットにしていないでしょうか。

　アウトプット＝インプットであると認識して、次の部門でスムーズに処理されるものにするために、組織の機能のつながりを業務分掌によって「見える化」します。

　通常、業務分掌は部門単位で一連の業務をまとめて書いていますが、業務の流れに沿って一連の業務を書き、その横にその業務に対して役割と責任を持っている部門を明示します。部門から部門に仕事が渡る時、どのような資料・伝票によって情報が引き渡されるのかもわかるようにします。次の部門でどのような処理をするのかを、日常の業務の中で意識して処理をしていくようにするためには、部門から部門に仕事を伝えていくアウトプットとなる帳票の名前を、次の部門のインプットとしての名前にします。

▶業務フローに沿って業務範囲を明確化
（製品説明会を開く場合）

プロセス	担当部門	IN／OUT	つながりの場
製品説明会の企画	企画チーム	年間新製品発売計画	
製品説明プログラムの作成	営業チーム	製品説明での訴求点説明書	営業会議
		説明会開催プログラムと日程計画書	月次連絡会議
説明会場の手配	営業管理課	説明会場情報（定員と住所とアクセス情報）	

資料・伝票名は、次のプロセスのインプット名で表し、次のプロセスが必要とするものをイメージできるようにします

「活動体制表」で
当事者意識を高める
"名前"の「見える化」

　役割分担では、役割名だけが示されることが少なくありません。役割名だけでは何をすればいいのか、自分は何を期待されているのか、任命した側の思いは伝わらず他人事になってしまいます。

　チーム活動を行う際は名前だけではなく、"期待する役割や目的"も同時に「見える化」し、当事者意識を持たせることが必要です。

　チーム活動における当事者意識を高めるしかけは、**「活動体制表」**です。

　役割とそれを担う担当者の名前が一見してわかる「役割表」と、与えられた役割の目的、範囲、アウトプットが明確に記されている「役割の定義」からなるものです。活動体制表を作成することで、自分はこの活動においてどのような立場や役割であり、どのような責任を担っているのか、名前と役割、責任が同時に見えるようになります。メンバー全員に役割を与え、公に明示することで甘えや逃げ場をなくし、自分以外にはいない、自分がやらなくてはならないといった、より高い責任感を持たせることができます。

▶「活動体制表」の例

役割表

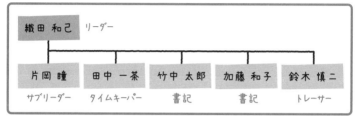

織田 和己　リーダー

片岡 瞳	田中 一茶	竹中 太郎	加藤 和子	鈴木 慎二
サブリーダー	タイムキーパー	書記	書記	トレーサー

役割の定義

● **リーダーとは……**
・改善活動の推進者
・スタンディングミーティング及び改善検討会の進行役を担い、メンバー一人ひとりの意見や想いを引き出す
・改善活動がチーム一丸となって遂行、継続できるようにメンバーを導く

● **サブリーダーとは……**
・リーダーの補助役
・リーダーの良き相談相手となり、リーダーと共に改善活動を推進する
・リーダー不在の時はリーダーとしてメンバーをまとめ、事後報告を必ず行う

● **タイムキーパーとは……**
・スタンディングミーティング及び改善検討会が定刻通りに終わるように導く
・通常業務に支障をきたさないように時間を管理する

● **書記とは……**
・スタンディングミーティング及び改善検討会の内容を後から誰が見ても理解できるようなアウトプットをのこす

● **トレーサーとは……**
・「見える化」ボードのメンテナンスを行い、誰が見てもわかりやすい状態に保つ
・変更があれば翌日までに「見える化」ボードの修正を行う

役割表と役割の定義は並べて掲示します。役割の定義は、誰が見ても理解できるようなやさしい表現にしましょう

オリジナルの言葉で組織の価値観を共有

"キーワード"の「見える化」

多くの組織では戦略を打ち立てます。戦略の実践には、**戦略の要となる考え方＝キーワード**を共有していく「見える化」が必要です。

戦略の要となるコンセプトを一言で表し、組織において合言葉のように使えるキーワードをつくります。

一般にある言葉ではなく、他にない組織オリジナルの造語にすることで、一般的な解釈の入る余地をなくします。戦略コンセプトの訴求点のみがそのキーワードの意味となるようにし、意味を伝える定義文もあわせてつくります。

戦略とともにキーワードも示し、各職場の戦略展開に向けた行動計画や重点施策にこのキーワードを必ず盛り込ませるようにします。

キーワード（造語）の作成の例を紹介します。経営理念、顧客姿勢、競合との差別化、自社の強みの視点から、訴求コンセプトを整理します。次に、訴求コンセプトから対となる２つの言葉を拾い出し、一般キーワードを調べます。このキーワードを掛け合わせて造語キーワードを作成します。訴求力のあるキーワードができるまで、これを繰り返します。

▶ キーワード作成シートの例 (メーカーの場合)

経営理念において重視する言葉
顧客価値創造を自社の基本サービスとする

顧客に対する姿勢において重視する言葉
顧客に貢献できる商品の提供

競合との差別化において重視する言葉
部品メーカーとして認知されたブランド

自社の強みにおいて重視する言葉
業界内でも 指折りの開発体制

訴求コンセプト
顧客ニーズと自社の技術を融合した独創的商品の
受託開発を通じて顧客に貢献できることを訴求する

キーワード①
顧客ニーズ →
　　マーケット・イン

＋

キーワード②
自社の技術 →
　　プロダクト・アウト

キーワード (造語)
プロダクト・イン

キーワード (造語) は、相反するものを掛け合わせると訴求性が高まります。8文字以下ぐらいの一言で表せる言葉にすると行動計画や重点施策に盛り込みやすくなります

組織の変遷がひと目でわかることが大事

"組織の歴史"の「見える化」

　組織は、戦略や環境、実務上の問題など様々な理由からその構造や役割を変えていきます。例えば、「購買部」が「調達部」に変わった理由を知らなければ、「購買」も「調達」もただ呼び方が違うだけと思ってしまいます。

　組織の変遷の歴史を「見える化」して、過去から学んだことを次につなげていけるようにします。そのために、組織体制の変遷がわかるようにした組織図を作成します。過去のそれぞれの組織体制と、組織変更前の問題点と変更後の新しい組織体制の狙いを解説した、**組織変遷のわかる組織図**です。

　組織変更し、部下に説明する時は、この組織図を示しながら、今回の組織変更では何を狙って新しい組織体制にしたのかを明確に説明します。組織はあくまでも機能の入れ物であり、入れ物を変えただけで機能が変わるわけでありません。入れ物とともに中身の機能も狙いに向けて変えていくためには、それを構成するメンバーに狙いを伝え、日々の仕事のやり方を変えていくことが大切です。

▶ 組織変遷がわかる組織図の例

2009年度〜

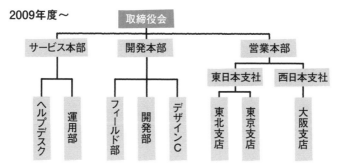

2021年度〜

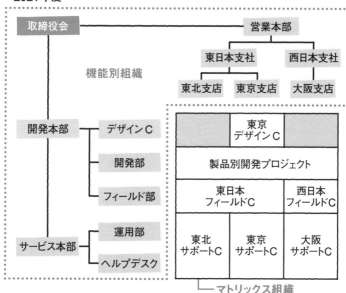

組織変更の経緯

従来、開発・サービス機能が顧客から離れた位置にあり、顧客視点での開発やサービスが希薄で、顧客満足度を低下させる重大な要因となっていた。営業本部と一体となって顧客視点で開発・サービスを行う体制とするためにマトリックス組織とした。

やりたいことを明確にし 働き方を見直す

"期待"の「見える化」

　仕事には、自分がやりたい仕事とそうでない仕事があります。しかし、やりたくない仕事でも、そこに自分にとっての何らかの期待を見出すことができれば、多少嫌なことがあってもそれを乗り越えていくことができます。ただ、人は自分の**不満**はわかっていることが多いのですが、自分の**要求**は思いのほかわかっていないものです。ですから、自分の期待を自ら明らかにすることが必要となります。

　期待を「見える化」するには、**自分の仕事の方針**を明示します。

　方針とは、"こだわり"や"価値観"です。何にこだわって仕事に取り組むのかを、自らのことばで表します。期待は方針に表れますから、自分の仕事の方針を自分で掲げることが、自ら期待を明らかにすることになります。

　自分の仕事の方針を明示するプロセスで、自分を見つめ直し、自分がどこに興味・関心を持ち、何がやる気を引き出すのか、自分は何を求めているのか、担当の仕事から何を得ようとするのかを考えることが重要です。

▶ こだわり、価値観を明示させるシートの例

私のやる気のもと

担当業務:

お客様からのお問い合わせについて受付と対応を行う。

**この業務のここが好き♥
この業務から得られること**

- 丁寧な電話応対マナーが身に付く。
- お客様に直接「ありがとう」と言ってもらえると嬉しい。
- 困っている人を助けることができる。

この業務のここがイヤ

- 自分ではどうにもできないことの対応はつらい。
- クレームばかり聞いていると憂鬱になる。

私の仕事の方針:

電話を掛けてくる人は困っている人。
一人でも多くの人の助けになって、「ありがとう」をいっぱいもらう。
そのために、回答の品質UPのため商品知識を強化する。

個人の能力アップには まず強みと弱みを知る

"強み・弱み"の「見える化」

　人は自分の能力を思っている以上に認識できていません。強みが見えておらず、弱みの克服だけが能力を高めることだと思っていたり、弱みの中の強みに目が向けられていなかったりします。組織の中での個人の能力向上を考える時、それを把握することからはじめる必要があります。

　強みと弱みを「見える化」するしかけは**「セルフアセスメント」**です。

　カテゴリー別の能力について、その能力を有しているかどうか段階評価を自分で行い、自分の能力の偏りを明らかにするものです。

　ただ、セルフアセスメントを行うだけでは、自分が考えている強みと弱みを明らかにしたにすぎません。結果を他の人と共有し、他の人の能力を知って自分の能力を改めて認識する。他人の視点や考え方も参考にして、自分の高めるべきことと補うことを冷静かつ客観的に認識することが重要です。そのうえで、自分のキャリアプランやスキルアッププランを考慮して、弱みを抑えつつ強みを活かすような、自分を高める具体的な計画を立て実行します。

▶ セルフアセスメントシートの見本

セルフアセスメントシート

実施日：

所属：

氏名：

■ 以下の項目について、該当する選択肢の欄に○を付け、自己
評価してください。
A…とてもそう思う、B…そう思う、
C…そう思わない、D…全くそう思わない

1.リーダーシップ

①あなたは、中期経営計画においてあなたのユニットがめざす姿を明
確に描くことができる。 ……………… A B C D

②あなたは、あなたのユニットがめざす姿について部下と共有すること
ができる。 ……………… A B C D

③あなたは、中期経営計画においてあなたのユニットが達成すべき目
標を設定することができる。 ……………… A B C D

④あなたは、あなたのユニットの目標の達成状況を把握することがで
きる。 ……………… A B C D

2.社会的責任

①あなたは、中期経営計画の遂行において地域社会に与える可能性
のある悪い影響に配慮できる。 ……………… A B C D

②あなたは、中期経営計画の実施において発生する不正を予測し、適
切に対応できる。 ……………… A B C D

③あなたは、社会があなたの会社に求めていることを中期経営計画に
反映することができる。 ……………… A B C D

3.顧客・市場の理解と対応

①あなたは、あなたのユニットにとっての顧客を特定することができる。 ……………… A B C D

②あなたは、中期経営計画を実現するために必要となる市場情報を収
集することができる。 ……………… A B C D

③あなたは、中期経営計画を実現するために収集した市場情報を有効
に活用することができる。 ……………… A B C D

④あなたは、中期経営計画の実施において発生する苦情に対し適切
に対応することができる。 ……………… A B C D

⑤あなたは、中期経営計画の実施によって顧客が満足していることを
把握することができる。 ……………… A B C D

4.戦略の策定と展開

①あなたは、基本戦略に則して中期経営計画を策定することができる。 ……………… A B C D

②あなたは、中期経営計画の策定において現場からの意見を反映させ
ることができる。 ……………… A B C D

③あなたは、中期経営計画を実現するために執らなければならない行
動を明確にすることができる。 ……………… A B C D

④あなたは、中期経営計画を実現するために執らなければならない行
動の実施状況を把握することができる。 ……………… A B C D

タスク管理

プロセス

仕事設計

チーム管理

改善

人と組織

仕事環境

5.個人と組織の能力向上

①あなたは、戦略課題に積極的に部下が取り組むよう動機付けができる。 …………… A B C D

②あなたは、部下に対して戦略課題を成功させるために必要な教育を行うことができる。 …………… A B C D

③あなたは、戦略課題を実施において部下の意欲を把握し、適切に対応することができる。 …………… A B C D

6.顧客価値創造のプロセス

①あなたは、戦略課題においてあなたのユニットが顧客に提供することができる。 …………… A B C D

②あなたは、戦略課題において顧客に提供する価値を明示することができる。 …………… A B C D

③あなたは、戦略課題において顧客に価値を提供するために必要となる支援プロセスを明示することができる …………… A B C D

④あなたは、ビジネスプランを実施する上で、ビジネスパートナーに協力してもらう業務を明示できる。 …………… A B C D

⑤あなたは、ビジネスプランを実施する上で、ビジネスパートナーの意見を吸い上げ、適切に対応することができる。 …………… A B C D

7.情報マネジメント

①あなたは、戦略課題を実施するために必要となる情報を明示できる。 …………… A B C D

②あなたは、戦略課題を実施するために必要となる情報を収集できる。 …………… A B C D

③あなたは、戦略課題の達成状況を把握するために、必要な情報を適切なタイミングで入手できる。 …………… A B C D

「セルフアセスメントシート」の設問は回答者が選択しやすいように、「〜と思う／思わない」など主観で判断できるような表現にします。セルフアセスメントの結果は「キャリアプランシート」に落とし込みます。キャリアプランシートでは結果をレーダーチャートなどで示し傾向が視覚的にわかるようにします

▶ キャリアプランシートの例

キャリアプランシート

作成日：

所属：　　　　　　氏名：

セルフアセスメントの結果

アセスメント項目	評価結果 当初	最終
1.リーダーシップ		
①組織のめざす姿を描く		
②組織のめざす姿を部下と共有する		
③組織の目標（指標）を設定できる		
④組織の目標の達成状況を把握できる		
2.社会的責任		
①事業が社会に与える影響を思考できる		
②企業倫理（法令遵守・不正防止など）の意志を持っている		
③社会が求めていることを思考できる		

アセスメント項目	評価結果 当初	最終
3.顧客・市場の理解と対応		
①組織にとっての顧客・市場を明示できる		
②顧客・組織の情報を収集できる		
③顧客・組織の情報を分析・活用できる		
④顧客からの苦情・意見に対応することができる		
⑤顧客がサービスに満足しているか把握できる		
4.戦略の策定と展開		
①組織の戦略を策定することができる		
②現場からの意見をすいあげることができる		
③組織の戦略を実施項目（行動）に落とし込むことができる		
④各実施項目の目標（指標）を設定し、把握することができる		
5.個人と組織の能力向上		
①部下が積極的に仕事に取り組むようにできる		
②部下を計画的に育成できる		
③部下の不満を把握し、対応することができる		
6.顧客価値創造のプロセス		
①サービスによって顧客に提供すべき価値を明示できる		
②サービスを提供するプロセスを明確にすることができる		
③サービスを提供するために必要となる支援機能を明示できる		
④ビジネスパートナーに協力してもらう業務を明示できる		
⑤ビジネスパートナーとの関係を良好に保つことができる		
7.情報マネジメント		
①めざす姿の実現のために必要となる情報を明示できる		
②めざす姿の実現のために必要となる情報を収集できる		
③必要な情報を必要なときに入手できる		

```
            1.
        リーダーシップ
7.          4           2.
情報マネジメント 3        社会的責任
            2
            1
            0

6.                      3.
顧客価値                 顧客・市場の
創造のプロセス           理解と対応

    5.              4.
個人と組織の        戦略の策定と
能力向上            展開
```

キャリアプラン

能力区分	能力アップ事項	キャリアプラン	取り組み時期 '21	'22	'23

パフォーマンスアップは
書類の整理から

"要らない書類"の
「見える化」

　仕事の書類や電子データは、通常、必要なものだと認識しています。その中で、何年も前の書類や電子データをずっと持っていることも少なくありません。しかし、それらがずっと必要なものとは限りません。要るものを認識するためには、それが本当に必要なものかを見極める力をつけることが大切です。

　要るものと要らないものを認識するために、**「要らないものファイル」**をつくります。日々使用している書類などはすべて要らないものとして「要らないものファイル」に入れ、簡単に取り出せないようにゴムバンドで留めます。ファイルには、取り出す書類と取り出す理由を記入する用紙を貼っておきます。そして、書類を取り出す時に、なぜ必要なのか、その理由を書きます。

　電子データの場合は、「要らないものフォルダ」を作成して、パスワードを設定します。パスワードは覚えやすいものではなく、自動生成でよく見るような長く、意味不明のものにして、メモ帳やExcelに保存しておきます。フォルダへのアクセスのたびに、パスワードを記載してあるファイルを開

き、そこにフォルダ内の使用する電子ファイル名と使用する理由を記入します。

　理由を明確にすることで、それが本当に必要かどうかわかります。理由が明確にできないものやその程度が低いものは要らないものになります。

　ポイントは、**「要るものファイル」**でなく、**「要らないものファイル」**にすることです。もともと必要だと思っているのですから、人は「要る？」と問われれば「要る」と答えます。「要らないよね？」と問われれば、要るかどうかを考え、それが必要な理由を考えます。日常的に繰り返し行うことが、本当に必要なものを認識する力を養います。

▶「要らないものファイル」の使用例

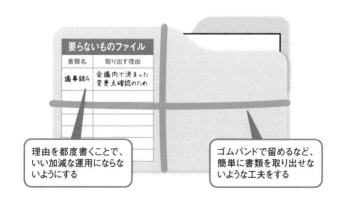

理由を都度書くことで、いい加減な運用にならないようにする

ゴムバンドで留めるなど、簡単に書類を取り出せないような工夫をする

何となく惰性で、古いやり方で行っていた仕事について、一から書類や電子データをつくるきっかけとなり、仕事の仕方を変えて、仕事自体を見直すことにもつながります

行動とファイル更新を連動 「うっかり」を防止

"行動に紐づくファイル更新"の 「見える化」

　社内で作成する資料の大多数は、打合せ、伝達、依頼など日々の行動に紐づいています。会議やお客様へのヒアリングの後に資料の作成や変更・修正が発生しますが、忘れてしまうことがあります。それを防ぐためには、行動と資料の結びつきを認識できるようにする必要があります。

　行動と資料の結びつきを認識するには、**行動に紐づくファイル更新の見える化**を行います。カレンダーに自分の行動と時刻を残しておきます。そのうえで、資料の作成や修正を行ったら、ファイル名の後に更新した日付と時刻を入れて保存します。例えば、日付は西暦の下2桁＆月2桁＆日2桁で、時刻は24時間表記で数字4桁で示し、日付と時刻をハイフンでつなぐことで更新日時の表示とします。更新時刻まで入れるのは、行動とのつながりをより明確にするためです。また、過去の資料が必要になることもありますので、上書き保存ではなく新規で保存します。過去のものとなった資料は、「旧版」フォルダを作成し、そこに保管します。

　事例の電子ファイル「広告配信スケジュール211206-1800」は、「旧版」フォルダ内に「211123-1000」付のファイルがあ

ることと併せて、「2021年12月6日18：00に修正を行った広告配信スケジュール」とわかり、同日13：00〜16：00に行われた営業会議の内容が織り込まれた資料と判断できます。また、「○○銀行向け提案書211209-0900」は、「2021年12月9日9：00に作成した○○銀行向け提案書」です。同日11：00に○○銀行を訪問していますが、それ以降修正されておらず、14日に向けて修正が必要であるとわかります。

▶ カレンダーとファイル更新の運用例

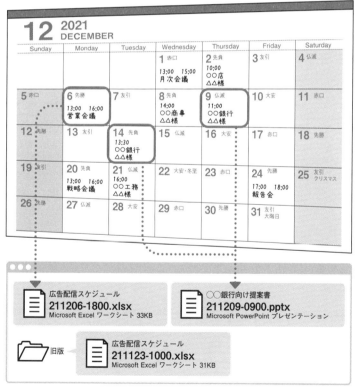

※カレンダーは12月13日時点のものという設定

233

オフィスのモノは
発注カードで徹底管理

"発注点"の「見える化」

　事務用品やウォーターサーバー用の水など、オフィスではたくさんの発注を管理しなければなりません。備品によって消耗のスピードや量は異なり、仕事の状況によっても変わってきます。持ち出し表への記入などで数の管理をしていることもありますが、記入漏れや記入忘れ、また、発注担当者が持ち出し表の管理を別にしなければならないため、手配忘れや遅れが発生します。

　そこで、在庫管理の精度を上げ、手配忘れ防止をはかります。そのために、発注点の「見える化」を行います。

　発注点を「見える化」するしかけは、**「発注カード」**です。「発注カード」には、品名、品質規格、品番、発注数量、発注先、在庫下限などを記載しておきます。そして、現物に貼付しておき、在庫下限に達するタイミングでその備品を持ち出した人が、カードを外さないとその備品が使えないようにしておきます。外した「発注カード」を発注担当者に渡して、担当者が手配処理を行います。

▶「発注カード」の活用例

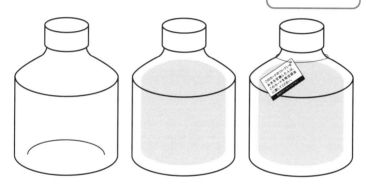

このカードのついている
お水を交換した人は、
このカードを発注担当
に渡してください。

最後のボトルにつけておく

カードにラミネート加
工などをすることで、
強度が増し、長く使
用できる

《備品発注カード》

在庫が下限に達したら、
このカードを備品担当に渡してください。

品　　　名：付箋紙　大（ピンク）
品質規格：75×75mm
品　　　番：FP 253
発注数量：5箱（10パッド/1箱）
発　注　先：A社
在庫下限：1箱

手配処理に必要な
項目を記載。また、
「品質規格」などが
あると代替品をすぐ
に探せる

共有物を持ち出したら 「留守番役」で管理すべし

"返す場所"の「見える化」

　オフィスでは、資料、情報、備品など数多くのものを共有しています。全員が使ったものをきちんと元にあった場所に戻していけば職場が乱れることはありませんが、片付けるのが苦手な人もいます。どこに戻したらいいのかわからない、とりあえずここに戻そう、といったことを繰り返していくうちに、あるべきものがあるべき場所にない状態となり、必要な時に必要なものをすぐに取り出せなくなります。

　探すというムダが多ければ多いほど、職場の生産性や仕事の品質に影響を及ぼします。これらを防ぐために、**返す場所**を「見える化」します。

　使ったものを元の場所に戻すしかけは、**「留守番役カード」**です。

　フォルダタイトルを書き写したカードを貼ります。フォルダがその場所にある場合は上に隠れ、持ち出した時には前に垂れ下がり、何が持ち出されているのか見えるようにします。このようにものと場所の両方に表示をすることで、どこに何を戻せばいいのか一目瞭然となります。

▶留守番役カードの運用例

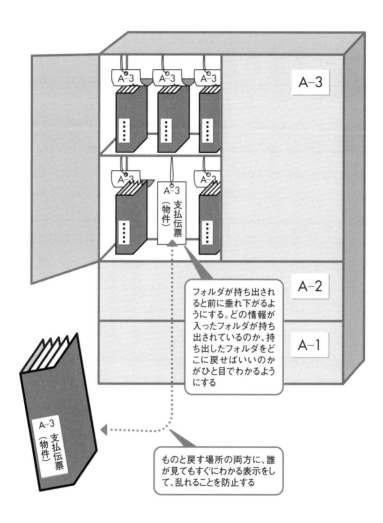

A-3

A-3
（物件）
支払伝票

フォルダが持ち出されると前に垂れ下がるようにする。どの情報が入ったフォルダが持ち出されているのか、持ち出したフォルダをどこに戻せばいいのかがひと目でわかるようにする

A-2

A-1

A-3
（物件）
支払伝票

ものと戻す場所の両方に、誰が見てもすぐにわかる表示をして、乱れることを防止する

ラベルにはステータスも明示し
ファイルの迷子を防ぐ

"ファイル役割名"の
「見える化」

　ファイルには結果の**記録ファイル**と途中の**進行ファイル**があります。

　記録ファイルが何のファイルかわからなくなることは、ほぼありません。しかし、途中の進行ファイルは、ファイル名がプロジェクト名や業務名だけでは、稟議中のものなのか、結果が出たものなのかなど、そのプロセスにおいて何のファイルだったのかわからなくなることがあります。

　ファイルの迷子防止のために、ファイルの役割名を明確にします。

　ファイルの役割名を明確にするには、**ファイルのステータス**を表示します。ファイル名は、プロジェクト名や業務名と合わせて、レビュー、回答待ち、審議中などそのプロセスのどこにあたるのか、どのような状態なのかがイメージできるような表示にします。ファイルの役割名は、その職場における共通のことばで表現します。各個人が自分の認識のために使用していることばや一部の人にしかわからない略称では、職場全体で共有することが難しくなります。また、そのプロ

セスに開始日や締切日なども記載しておくのも有効です。

　電子ファイルについても、同じ考え方で、ファイルのステータスを表示します。また、共用サーバー等でファイルの管理を行っている場合は、レビュー、回答待ち、審議中などプロセス別のフォルダを作成し、現在のステータスのフォルダに格納するといった管理のしかたも有効です。

▶ ファイルのステータス表示の例

仕事のステータス（状態）の表示は、プロセスや仕事の進度と合わせてイメージできるようにします

仕事の切れ目を入れるには
机の上をゼロにする

"仕事の切れ目"の「見える化」

　仕事は毎日切れ目よく終われるものではなく、多くが翌日に続いていきます。それぞれの仕事が昨日どこまで終わっており今日はどこから始めるべきなのかあいまいな状態だと、思い出すのに時間がかかって作業の抜けや重複を招きます。

　仕事の開始をミスなくスムーズに行うためには、仕事の中途半端な状態を断ち切り、切れ目を入れる必要があります。

　仕事に切れ目を入れるには、**机の上を何もない状態にして帰ります。**明日も続く仕事の資料を片付けるということは、強制的に一つひとつの仕事に切れ目を入れ、けじめをつけてから帰るということです。

　そのためには、仕事の状態が一見してわかるように、状態別に資料を保管します。"修正中""見積中""回答待ち""要問合せ"など、各々の仕事に合わせてよくある状態をピックアップし、その中に該当する資料を立てて保管します。中の資料がすぐに見えるようにクリアファイルに入れて保管するとよいでしょう。細かな情報をメモで残しておくと、作業の抜けや重複を防ぐことができます。紙にメモしたものはなくなってしまう可能性が高いため、付箋紙を使用します。

▶ 仕事の資料を状態別に保管する

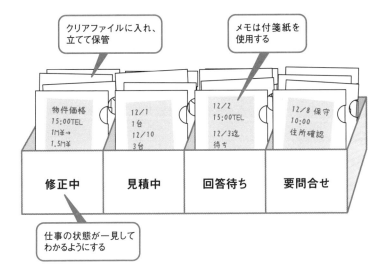

クリアファイルに入れ、立てて保管

メモは付箋紙を使用する

物件価格
15:00TEL
1M¥→
1.5M¥

12/1
1台
12/10
3台

12/2
15:00TEL
12/3迄
待ち

12/8 保守
10:00
住所確認

修正中　　見積中　　回答待ち　　要問合せ

仕事の状態が一見してわかるようにする

変更点が誰でもわかるように「カラーマーク」表示せよ

"変更箇所"の「見える化」

　仕事には変更がつきものです。表記方法の変更、手続き方法の変更など、様々です。しかし、変更されていても、どこが変更になったのかがわからなければ、全部を見なければなりません。変更に気づかなければ、ミスを発生させることもあります。最新のものがすぐわかり、ミスを防止し、やり直しの工程を発生させないために、変更箇所を「見える化」することが必要となります。

　変更箇所を「見える化」するには様々な方法があります。WordやExcelなどのデータを複数の人で更新・編集している場合は、「変更履歴の記録、表示」や「コメント」が有効です。紙のやり取りの場合では、変更箇所への付箋紙の貼付などを行います。また、手順などの変更については、「プロセスマップ」などの手順書の変更箇所や、変更のあった作業のタスクカードに付箋紙などで**「カラーマーク」**を付け、「見える化」します。変更箇所への「カラーマーク」は変更後に変更を行った人が付けます。一見して変更箇所がわかるように変更を表す色を決めておき、変更日も記載することで最新のものを明確にします。

▶ カラーマークで「変更」を見える化した例

[会議室の手配のプロセスマップ]

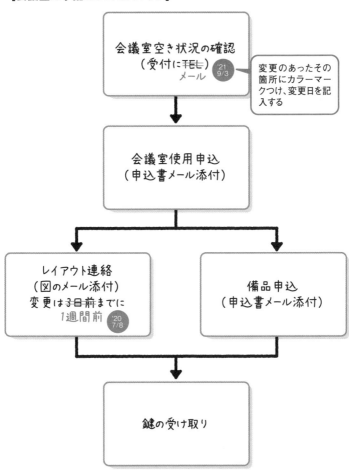

会議室空き状況の確認
（受付に~~TEL~~）
メール '21 9/3

変更のあったその箇所にカラーマークつけ、変更日を記入する

会議室使用申込
（申込書メール添付）

レイアウト連絡
（図のメール添付）
変更は~~3日前~~までに
1週間前 '20 7/8

備品申込
（申込書メール添付）

鍵の受け取り

カラーマークは、実際にその業務を行う時に作業者の手元にあるもの（タスクカードなど）に付けます

「乱れ」の認識が職場の規律や セキュリティ対策につながる

"乱れ"の「見える化」

　職場で整理・整頓を行っても、維持され続けなければ、モノが散乱した汚い職場に戻ります。これでは、汚さないようにする気持ち、モノを正しく置こうとする行動が弱いものとなります。どんどん乱れが進んでいってしまいます。どこに何があるのかわからなくなり、セキュリティ面で事故につながることもあります。

　整然とモノが置かれ、常にきれいな状態が保たれた職場を維持するためには、乱れにすぐ気づき、すぐに是正することが必要です。そのために、まず、きれいな状態を定義し、置き場や置くモノ、置く量を決めます。整然とした職場環境にしたら、整理・整頓が後戻りしないように、**乱れの見える化**を行います。正しい状態にあることを色や形状、表示でわかるようにして、乱れをはっきりと識別できるようにします。

　例えば、キャビネット内の一連のファイルの背表紙に斜め線を引いておくと、そのファイルの置く順番が違っていたら、線のズレから乱れがすぐにわかります。また、ファイル種別ごとに色を分けて保管すると、色が異なるので、棚に間違ったファイルが紛れ込んでいることが一目でわかります。

また、表示方法の統一、ファイル名の連番表示、棚に置かれるべきファイル種別を表示することも有効です。

　乱れが目立つようになると、汚さないようにする気持ち、モノを正しく置こうとする行動が醸成されて、職場はきれいになり、ぴりっとした気持ちの良い緊張感が生まれます。

▶ "乱れ" を見える化するしかけの例

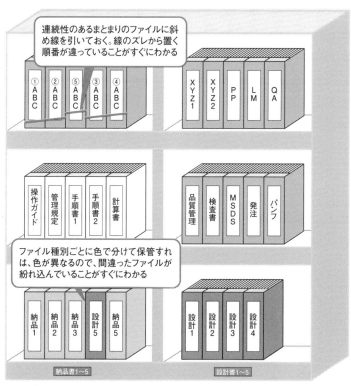

連続性のあるまとまりのファイルに斜め線を引いておく。線のズレから置く順番が違っていることがすぐにわかる

ファイル種別ごとに色で分けて保管すれば、色が異なるので、間違ったファイルが紛れ込んでいることがすぐにわかる

モノの配置だけではなく置き方や量も明確にする

「メールが見つからない」をなくすメール管理術

"メール種別"の「見える化」

　社内外から届くEメールは、「お問い合わせ」という件名の何の問い合わせか読むまでわからないメール、発信者が別で内容が同一である重複した連絡メール、返信メールが使用されているが中身は緊急事項のメールなど、様々です。

　件名を見て優先度の高い案件を判断し、紛れ・忘れ防止をはかるために、メール種別を「見える化」することが必要となります。

　メール種別を「見える化」するには**件名種別表示**を行います。
【人事】、【営業】などの機能、【A社】、【B社】などの顧客別、【計画】、【稟議】、【報告】などの処理ステータス別など、種別を表示し、件名を明確にすることで、読み手が内容を確認しなくても中身が推測できるようにします。

　メール種別の「見える化」は、個人で実施するだけでは効果は小さく、自分とやり取りをする人との間でしかメリットが得られません。まずは、自分の職場からの送信メールについて整理基準をつくり、それを社内の関連部署、部門、全社

というように展開をはかっていきます。

　また、メールソフトには件名や送信元などの情報に基づいて、メールを自動振り分けしてくれるフィルター機能やメールの重要設定機能があります。それらと一緒に使用することも、優先度の高いメールの紛れ・忘れ防止に役立ちます。

▶ **メールの件名に種別でタグを入れる**

✉ **［A社］商品aaa納品問い合わせ**

宛先	xtz@xxxx.jp
CC.	
件名	［A社］商品 aaa 納品問い合わせ

メールの目的、種類などが
わかるように明示する

✉ **受信トレイ**

📁 abc@xxxx.jp
　├ 📂 受信トレイ
　├ 📂 下書き
　├ 📂 テンプレート
　├ 📂 送信済みトレイ
　├ 📂 ジャンク
　└ 📂 ごみ箱

☐［営業本部］営業会議開催連絡　　×××

☐［B社］1 st 訪問報告　　×××

☐［PJ チーム］AAA プロジェクト進捗確認　　×××

☐［営業本部］【訂正】営業会議開催連絡　　×××

似た書類を瞬時で区別する ちょっとした工夫

"ファイル種別"の 「見える化」

　職場では大量の似たような資料が集まるため、それらが混ざり行方不明にならないよう、一目で区分けできるよう「見える化」することが必要となります。

　資料名や帳票名を読まずに見た瞬間にその違いを認識するためには、**色とマーク**による「見える化」を行います。

　資料・伝票がその職場に入ってきた時に、真っ先に**カラーマーク**のはんこを押します。いったん処理がはじまってしまうと混ざり合い、行方不明になってしまうからです。

　マーク形状は☆や〇、□などでもよいですが、漢字一文字の「支」や「請」など資料や伝票の意味を類推するものも有効です。ただ、同じような意味を持つものは混乱する場合もありますので、その場合は意味を類推しないマークにします。同じく、色も赤は重要や危険、黄色は注意を連想させますので、そのことを配慮して使います。オレンジと黄色など、混同しやすい色は避けます。それら資料・伝票は同じカラーマークのファイルや引き出しに仕分けをして処理します。

▶ カラーマークの活用のコツ

右上にカラーマークをつける。同じ位置につけることによって、綴じた時に違うものが混ざっていることを容易に見つけることができる

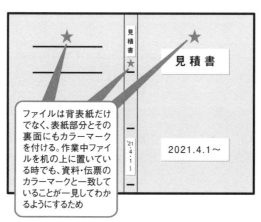

ファイルは背表紙だけでなく、表紙部分とその裏面にもカラーマークを付ける。作業中ファイルを机の上に置いている時でも、資料・伝票のカラーマークと一致していることが一見してわかるようにするため

隠れたムダスペースを 見える化して有効活用

"デッドスペース"の 「見える化」

　私たちは何も物が置かれていない状態のスペースをもったいないと思い、いろいろと物が置かれているスペースはうまく使われていると思ってしまう傾向があります。

　物が置かれていれば、スペースは有効活用されていると言えるでしょうか？　同じ物が置かれっぱなしになっているスペースが、有効活用されていると言えるでしょうか？　当然、決してそんなことはありません。有効活用されている状態というのは、本来、スペースに物が出入りしている状態のことを言うからです。いつも同じ物が置かれているということは、そこに置いてある物は誰も必要としていない物なのではないでしょうか。誰も必要としない不要品が置かれているスペースは、活きた使い方をされていません。

　有効活用されていないスペース＝デッドスペースを「見える化」して、デッドスペースを活きたスペースとして使えるようにする必要があります。

　デッドスペースは、その場所がなくても問題ない場所、または日常の仕事で使うことのない場所ということになりま

す。デッドスペースか否かを見るためには、そこに置かれているものを誰かが必要としたかどうかを調査し、誰も触らない物がある場所をデッドスペースとします。

そのために、置かれている物を誰かが触ったか否かを記録する「**物品アクセスログシート**」を用意します。

職場を回って、物が置かれている場所にこの「物品アクセスログシート」を置いておきます。もし誰かがその場所の物を取り出したり、見たりした時は、「物品アクセスログシート」のアクセス付箋紙を1枚剥がします。

一定期間、この状態でアクセスの有無を記録していきます。たくさんアクセス付箋紙が剥がされているものがある場所は活きたスペースで、アクセス付箋紙が剥がされていないものがある場所はデッドスペースになります。

デッドスペースと判明した場所にある物を処分して、そのスペースを別の目的で、活きたスペースとして使う改善をしていきます。

物品アクセスログシートに通し番号を振り、どこに何番のシートを置いたかを控えておいて、行方不明にならないようにします

おわりに

　ここまで「見える化」の必要性や効果を説明してきましたが、最後に「見える化」は諸刃の剣である、ということを申し上げたいと思います。つまり、いつでも「見える化」することが良いとは、限らないということです。

　さんざん「見える化」は仕事や会社を良くするのに使える、と説明しておきながら、ここにきて否定するような言い方はないでしょ、と思われる人もいると思いますが、どんな病気にも効く万能薬がないのと同じように、管理・改善手法にも万能な手法は存在しません。使い方を誤れば、時には毒になります。

　たしかに「見える化」は、見えないものが見えることによっていろいろなことがわかり、早い段階で手が打てたり、組織の力を高めたりできます。しかしその一方で、〝見ている人〟から考えさせる機会を奪うという側面があります。

　現場の課題に対して改善や工夫を重ねてきた人がネジリハチマキで「見える化」させた、その結果だけを見ている側は、何も考えないようになってしまう可能性があるのです。不便であるがゆえにしっかりと考える、便利であるがゆえにその便利なツールに頼って考えなくなる、ということはあると思います。

「見える化」は、見えている者が考えて工夫する必要性を奪ってしまうリスクがある、と承知して進めることが大切ではないでしょうか。そのために、今の見える化ツールをすべてすてて再度つくり直すことも必要です。

「見える化」の必要と効果をしっかりと整理したうえで、この本で紹介した知恵や工夫をぜひ実践してみていただければ、幸いです。

　　　　　　　　　　コンサルソーシング株式会社　著者一同

【著者略歴】

松井順一（まつい・じゅんいち）

コンサルソーシング株式会社代表取締役。中小企業診断士、システムアナリスト、情報システム監査技術者。アイシン精機株式会社にてABS等の新製品開発に従事。微小洩れ測定法開発にて科学技術長官賞を受賞。その後、社団法人中部産業連盟、トーマツコンサルティング株式会社、現職にて、ＴＰＳベースの営業・管理間接・開発・サービス業務改善、製造ライン構築・現場改善、５Ｓ、目で見る管理、経営戦略のコンサルティングを行う。現地現物での実践重視の人づくりに定評がある。

【著書】『ダンドリ倍速仕事術100の法則』『実践 問題解決最強ツール37』『仕事の「ミス」をなくす99のしかけ』（日本能率協会マネジメントセンター）、『職場の「かんばん方式」トヨタ流改善術ストア管理』『職場の「かんばん方式」2 トヨタ式人づくり改善塾』（日経BP社）ほか

佐久間陽子（さくま・ようこ）

コンサルソーシング株式会社　コンサルタント。
教育系出版社・教育サービス会社にて、営業、事業戦略企画・管理、校舎・講師マネジメント・指導に従事。
現職では、管理間接部門向け改善ツールの開発、５Ｓ・目で見る管理による管理間接業務改善、事業戦略企画・管理、方針管理、次期経営幹部養成などの経営コンサルティング、企業内研修に従事。eラーニングコンテンツ開発。日本能率協会・商工会議所などのセミナー講師として登壇。

【著書】『ダンドリ倍速仕事術100の法則』『オフィスの業務改善100の法則』『営業の「見える化」99のしかけ』『オフィスの「業務改善」99のしかけ』（日本能率協会マネジメントセンター）

トヨタ流 仕事の「見える化」大全

発行日　2021年10月1日　第1刷

著者　　　松井順一・佐久間陽子

本書プロジェクトチーム
編集統括　柿内尚文
編集担当　多湖元毅
デザイン　二ノ宮匡（nixinc）
DTP・イラスト　野間誉智（株式会社スタンダード）
校正　　　清水祐子

営業統括　丸山敏生
営業推進　増尾友裕、網脇愛、大原桂子、桐山敦子、矢部愛、寺内未来子
販売促進　池田孝一郎、石井耕平、熊切絵理、菊山清佳、吉村寿美子、矢橋寛子、
　　　　　　遠藤真知子、森田真紀、高垣知子、氏家和佳子
プロモーション　山田美恵、藤野茉友、林屋成一郎
講演・マネジメント事業　斎藤和佳、志水公美

編集　　　小林英史、舘瑞恵、栗田亘、村上芳子、大住兼正、菊地貴広
メディア開発　池田剛、中山景、中村悟志、長野太介
管理部　　八木宏之、早坂裕子、生越こずえ、名児耶美咲、金井昭彦
マネジメント　坂下毅
発行人　　高橋克佳

発行所　株式会社アスコム

〒105-0003
東京都港区西新橋2-23-1　3東洋海事ビル
編集部　TEL：03-5425-6627
営業局　TEL：03-5425-6626　FAX：03-5425-6770

印刷・製本　中央精版印刷株式会社

ⒸJunichi Matsui, Yoko Sakuma　株式会社アスコム
Printed in Japan ISBN 978-4-7762-1163-1